Nuove icone per pregare

40 immagini di un'iconografa contemporanea

ANCORA

Immagine di copertina:
Domenica Ghidotti, *Buon Pastore* (2005), particolare
Collezione privata

ÀNCORA EDITRICE
Via G.B. Niccolini, 8 - 20154 Milano
Tel. 02.345608.1 - Fax 02.345608.66
E-mail: editrice@ancoralibri.it
www.ancoralibri.it

N.A. 4814

ÀNCORA ARTI GRAFICHE
Via B. Crespi, 30 - 20159 Milano
Tel. 02.6085221 - Fax 02.6080017
E-mail: arti.grafiche@ancoralibri.it

ISBN 978-88-514-0597-7
ISSN 1970-3465

A Gabriele e a tutte le creature che si accingono a compiere il santo viaggio che dalla terra conduce al cielo.

Arcangelo Gabriele (2007), cm 25,5x59
Collezione privata

Prefazione e ringraziamenti

Questo libro nasce e prende corpo dalla collaborazione con Arrigo Stocchetti, ritrattista e pittore di arte sacra. Egli, autore delle poesie, mi ha accompagnata nella stesura dei commenti e nella scrittura delle icone. Con lui ho lavorato e pregato affinché lo Spirito Santo guidasse e illuminasse il nostro fare e con lui prego affinché questa pubblicazione possa aiutare e invogliare altri a contemplare il volto di Gesù.

Ringrazio suor Nadiamaria, clarissa a Lovere (BG), e padre Francesco Metelli, frate minore in Busto Arsizio (VA), che, anche questa volta, si sono prestati a leggere e correggere la bozza dell'opera fornendo consigli e preziose indicazioni.

Ringrazio i maestri presso i quali ho appreso i fondamenti dell'arte iconografica: padre Egon Sendler alla Scuola iconografica di Seriate, Aleksandr Stal'nov all'Accademia teologica di San Pietroburgo, padre Andrej Davidov alla Scuola iconografica di Trento, e altri che ho avuto modo di incontrare.

Ringrazio tutti coloro che mi hanno dato fiducia, aiutandomi a superare i primi e inevitabili ostacoli lungo il cammino che mi ha condotto fin qui e chiunque abbia favorito il mio incontro con Gesù, vero amico e compagno di viaggio.

Sento inoltre di dover ringraziare i miei genitori e in particolare papà Battista che forte dell'esperienza maturata nella sua attività di artigiano falegname, attività che esercita da quand'era adolescente, con puntualità e passione mi prepara le tavole di legno su cui scrivere le icone.

Introduzione

Attraverso il mezzo espressivo dolce e forte delle icone apriamo una finestra sulle Scritture Sante, sul tesoro in esse contenuto e sul mistero in esse celato.

È uno studio preliminare, è la bozza di un ritratto. Il nostro modello è Gesù, riservato, discreto, caldo, affettuoso e molto vicino, senza essere invadente, che ancora oggi ci viene appresso per sanare le nostre ferite, per guarire le nostre paure, per donarci la sua gioia e la sua vita. Noi lo contempliamo con gli occhi, la mente ed il cuore e subito sentiamo di essere frettolosi, impazienti e superficiali. I suoi tratti sono decisi e morbidi: trasmettono pace ed energia, forza e grazia. I suoi occhi contengono le vibrazioni azzurre e fresche dell'alba e l'oro liquido del tramonto: sono pozzi magici, sono armonie e suoni, sono bevande inebrianti che danno vertigine e stordimento, sono cieli blu dove la materia si illumina e trasfigura; i fardelli si alleggeriscono; i dolori, i pesi e la zavorra che ci rallenta il passo, come statue di sale nell'acqua limpida e profonda, si sciolgono. Il mio cuore torna a pulsare con vigore, la terra pulsa con il cielo, e l'universo e questa vibrazione sanno di eterno. In questo segreto ritmo dell'universo c'è un costante e impercettibile pulsare: la Vita.

Dove sei Gesù, Via, Verità e Vita? Ti vedo lì di fronte a me, mi tendi le mani, mi dai le tue ali ed un cuore così duttile che possa espandersi senza fine, perché insieme ci si libri lassù oltre le nubi. Così ti contemplo eternamente vivo negli infiniti cieli fra le potenze angeliche, fra i tanti soli che brillano e gli innumerevoli pianeti che sono come alberi secchi o statue di sale o di pietra, quadri di artisti e scritti di poeti. Tu sei vivo e palpitante e la materia è limitata, ferma, morta senza la tua vivificante luce.

Mentre preparo le polveri colorate ed i pennelli con cui descriverti, Signore, penso a Gabriele a cui è dedicato il libro: come è bello e vero anche quando passa dalle lacrime al sorriso nel volger d'un battito di ciglio!

Purtroppo, Gesù, qui non è tutto rose e fiori, ci sono preoccupazioni, tensioni, paure e miserie che piano piano si riversano sui bambini e li disorientano. Su questa terra ci sono cinque o sei miliardi di piccoli Gabriele e c'è bisogno di Te, della tua comprensione e della tua compassione, della tua forza e del tuo amore. Per migliaia e migliaia di anni il mondo ti ha chiamato e finalmente una Creatura speciale ha acconsentito ad accoglierti nel proprio grembo. L'angelo l'ha visitata e lei, Maria, ha detto sì. Accettando lo straordinario dono di redenzione e di salvezza, accettava di bere con Te fino in fondo il calice del dolore.

Noi lo dobbiamo sperimentare e comprendere per desiderare solo Te ed il tuo paradiso o forse per desiderare che la terra sposi il cielo. La terra è un globo di rosso fuoco con la crosta attorno, e il cielo è un profondo blu. Tu, fra le potenze celesti, sei la relazione tra l'arancio e l'azzurro, tra il rosso e il verde, tra il giallo e il viola. Tu vuoi la relazione perché sei relazione. Io mi distraggo, mi dimentico di Te, ma Tu non ti dimentichi di me neppure per una frazione di secondo. Tu sei venuto sulla terra per guardare negli occhi ogni creatura ed i tuoi santi lo testimoniano con la loro vita. Anche gli iconografi lo dicono riscrivendo la Bibbia con i colori, ma io sarò mai in grado di farti un ritratto sufficientemente somigliante? Ci provo e mi stupisco del risultato del mio fare, ma ho paura di averti svilito ed offeso, perché finisce sempre che il tuo ritratto è anche e soprattutto un autoritratto.

Accettiamo il paradosso che una persona limitata possa provare a scrivere le potenze angeliche: Serafini, Cherubini, Troni, Signorie, Potenze, Principati, Arcangeli ed Angeli che sono i tuoi raggi, sono i raggi del sole che Tu sei. Portano la luce, i colori, la musica e la gioia su questo pianeta spento, perché Tu, incarnandoti, hai accettato di portare il peso che «marca» la terra: il dramma del dolore, della distruzione e della morte. Se uno nasce in un'abitazione modesta è da subito discriminato. I suoi genitori, probabilmente, sono ritenuti dei lazzaroni o, al più, dei sempliciotti che non sanno far fruttare il loro tempo ed il loro lavoro, e Tu sei nato in una grotta! Neanche gli emigranti che sbarcano in Europa dall'Africa e dal Medio Oriente sono così poveri.

Chissà nei trent'anni della tua vita privata quante ne hai sentite sui tuoi! Giuseppe e Maria, una meravigliosa coppia di genitori. Maria, affettuosa, tenera, dolcissima, profumata di fiori e di terra, rivestita di semplicità e di bagliori dorati. Giuseppe accogliente, presente e forte, costante, autorevole e saggio: con Te la santa famiglia. I trent'anni in cui l'albero della tua umanità è stato concimato, potato, protetto da afidi, parassiti e malattie e poi fino alle acque del Giordano dove tuo cugino Giovanni, come Te coerente ed appassionato della Verità, un pazzo d'amore, ti battezza e ti presenta al mondo nella tua interezza di divina umanità o di umana divinità. «Ecco l'acqua che dà la vita, il fuoco inestinguibile, la luce che penetra i cadaveri ridando vibrazione e calore a ciò che è inanimato».

I fatti straordinari di cui, nello Spirito, fosti protagonista non stupiscono più delle tue parole: siate semplici, confidate nel Padre, siate perfetti come lo è Lui.

In Te, Gesù, tutto stupisce e commuove: sicuramente ti farebbe più piacere vederci liberi e spontanei come il piccolo Gabriele. Tu come una buona guida non ci illudi dicendoci: concentrati su quell'obiettivo e l'otterrai. Piuttosto ci raccomandi il distacco, la mansuetudine, la perseveranza e l'apertura all'Altro. Non dici: abbi fiducia in te stesso, va' e conquista il mondo; ma piuttosto: confida in Me, alza lo sguardo dalle tue faccende e cercami, guardami, frequentami, approfondisci il nostro rapporto.

«Gesù, a me fa paura che per onestà e coerenza si possa venir perseguitati fino a perdere la vita!».

Rimani in Me e lascia che la tua fede cresca, che i tuoi occhi vedano al di là dell'apparenza, preoccupati solo di lasciare che la Vita ti ricolmi.

«Sì, però Tu sulla Croce non ce l'hai più fatta e prima che si spezzasse il tuo cuore hai invocato il Padre perché allontanasse da Te quel calice amaro».

Si può essere onesti ed aver paura, si può sentire che il cuore non regge di fronte ai figli che ami e che ti percuotono quando per essi ti sei immolato. Io aspetto che tu cresca, smetta di aver paura e possa con i miei prendere il largo per la pesca. Come i miei amici desidererai imitarmi ed aspirerai a divenire tralcio della vite che io sono, pane di vita per l'uomo affamato. Allora vorrebbe dire che io, Gesù di Nazareth, il Cristo delle Scritture, sono il tuo unico desiderio. Ogni mio tralcio è parte di Me e porta il mio frutto, ma ognuno di essi è unico e irripetibile. Santi giovani ed anziani, poveri e ricchi, dall'umile esicasta all'acclamato papa, ognuno di loro, vincendo la seduzione del mondo, ha vinto la paura e ha raggiunto lo splendore, la gloria, l'immortalità.

Tu esercitati a scrivere di Me con i colori e senza timore e poi si vedrà.

Signore Gesù, fa' di noi i collaboratori del tuo disegno! Fa' di noi i cantori del tuo Mistero, gli umili iconografi della tua Gloria.

29 settembre 2008
Festa degli Arcangeli Gabriele, Michele, Raffaele

Cristo tra le potenze celesti

Il Figlio dell'uomo è Re del cielo, Signore dell'universo e Fonte di Vita. Da Lui sgorgano la gioia, la forza, il coraggio. Gesù è il dominatore delle potenze del cielo e della terra; Egli è la montagna alta che domina e regge il mondo, è la colonna che regge l'universo ed il vincastro per ogni uomo.

Le sue vesti sono sontuose e ricche, anche se ricordano gli umili abiti che lo avvolgevano sulla terra.

Il libro che porge è il Verbo che santifica e illumina, è la Parola che ci svela il pensiero del Padre ed il suo progetto di redenzione.

Ai quattro angoli dell'universo i simboli dei quattro evangelisti sono posti all'interno del rosso fuoco e testimoniano l'appassionata ed incontenibile diffusione del messaggio d'amore che Gesù ha portato sulla terra dal cielo. Egli, unica delle tre persone divine ad assumere sembianze umane, viene qui raffigurato rivestito di luce e di potenza, poiché è Colui che governa le schiere angeliche e che ci svela il Padre. La magnificenza del suo abito ci dice qualcosa delle sue origini celesti e ci manifesta l'infinita sapienza del Padre. Le porte del cielo sono spalancate ed il Re della gloria si erge potente e forte: Egli è il Re che di nuovo tornerà per regnare definitivamente come le Scritture Sante promettono, ma per chi sa vedere, Gesù è già presente dietro le porte della nostra umanità, dietro le passioni del nostro cuore.

Caro Gesù
maestosa creatura
nata dalla terra
e ammantata di luce.
Fonte di vita
e fuoco che brucia.
Paradosso vivo
soffio leggero
spada implacabile.
Tornado che spazza
e sradica il male.
Chi sei tu
mistero insondabile
umile creatura
ed imponente
maestoso regnante?
Come fa il mio cuore piccino
a contenere i tuoi doni ricchi
d'imperatore possente?
Mi rassicura saperti
sapiente reggitore
delle schiere celesti
ed ispirato regista
dei fatti terreni.

Tu sai far della mia vita
e di tutte le vite
dei capolavori.

Vieni, dolce e potente Signore, ed illumina la mia dimora.

Cristo tra le potenze celesti (2005), cm 40x63
Collezione privata

Arcangeli Raffaele, Michele e Gabriele

Nell'iconografia classica, vengono perlopiù rappresentati gli arcangeli Michele e Gabriele. Essi sono sempre presenti nella *Deesis* (preghiera), dove al centro siede il Salvatore in trono che ha presso di sé la vergine Maria e san Giovanni Battista: insieme a loro e con altri santi intercedono per noi il dono della grande misericordia.

In questo caso, invece, a rappresentare le potenze celesti, è presente anche l'arcangelo Raffaele (a sinistra) che regge un cartiglio con la scritta «Santo, Santo, Santo» (Dio è tre volte santo).

Raffaele significa «medicina di Dio»: tramite lui, il Padre guarisce le malattie del nostro corpo e della nostra anima. Anch'egli, come Gabriele, impugna il lungo e leggero bastone, simbolo di autorevolezza, di dignità, di prontezza nell'eseguire le direttive del Padre celeste.

Nella tavola centrale, Michele è rivestito dell'armatura del combattente. Senza sosta si contrappone, con la sua spada di fuoco, ai servitori del male: ostinati ed instancabili operatori di iniquità. Tradizionalmente veste il mantello rosso (*himation*) mentre la veste (*chiton*) è di colore freddo: blu (o verde). La sua mano destra benedice, cioè afferma solo il bene, così come fa il Creatore. Con la sinistra impugna l'elsa della spada ad indicare che è prontissimo ad intervenire contro il diffondersi del male e dei cattivi pensieri che ostacolano l'opera di Dio.

Nella tavola di destra, l'arcangelo Gabriele regge un grande specchio trasparente e sferico con il monogramma di Cristo (IC XC) attraverso il quale può scrutare anche gli angoli più reconditi dell'universo. Al contrario di Michele il suo mantello è blu (o verde) mentre rosso, arancio e giallo sono i colori delle vesti.

Attraverso queste tre possenti figure angeliche, Dio regge, governa, protegge ed illumina il mondo.

Arcangeli di Luce,
portatori di gioia,
inesauribili fonti
di nostra energia.
Siete il sorriso del Padre
siete la vivacità dei bambini
siete il fervore dei santi.
Infondete coraggio e letizia,
regalate la pace a chi geme.

Sconfiggete le milizie del male,
soccorrete chi tribola e pena.
Ricreate, rincuorate,
confermate chi è nella lotta.
Entusiasmate, ispirate
e proteggeteci sempre
perché il nemico è grintoso
e le vostre presenze
lo rendon furioso.

Santi Arcangeli di Dio, custodite il cuore mio.

Arcangeli Raffaele, Michele e Gabriele (2006) cm 60x50
Santuario della Madonna dell'Accoglienza, Mendicino (CS)

Arcangelo Michele

Michele è come una fiamma nell'oscurità.
I colori vivaci e squillanti del principe delle milizie celesti si contrappongono al verde cupo del diavolo e di quella parte di terra di cui Satana è signore e padrone.
Le grandi ali del santo arcangelo e la sua corazza contengono l'oro della luce divina; il mantello è rosso fiammante e indossa abiti militari di foggia bizantina. La spada è sfoderata e alzata minacciosa contro Satana ormai sconfitto ai suoi piedi, ma non ancora pienamente sottoposto. Nella mano sinistra regge la bilancia con cui pesa le anime per misurare se in esse è maggiore il bene operato o il male compiuto.
Il suo nome significa «Chi come Dio?», quindi richiama la sublimità dell'Onnipotente e rimprovera ogni forma di superbia. Se qualcuno osa proclamarsi come Dio, Michele lo contrasterà implacabile.
Il suo volto esprime decisione e compostezza, il suo sguardo è determinato e umile: questo ci dice che il possente principe degli angeli è al servizio del Re misericordioso.
Ai suoi piedi Belzebù è in catene, ma non è morto. Si agita nel fango dell'odio, della concupiscenza, del vizio, del rancore e della vendetta. Nel mondo in cui egli ancora domina, regna la tenebra: guerra e disperazione, sopraffazione, turpiloquio, indifferenza, ferocia, odio.
Le sue ali da pipistrello sono triste emblema della degradazione della virtù angelica; le corna sono simbolo di ostinato paganesimo, le orecchie ferine rivelano la sua natura di animale malvagio, la barbetta è propria del caprone che segue il proprio istinto ad ogni costo.
In questa icona l'immensa presunzione di Satana è schiacciata dal grande angelo che prepara la definitiva vittoria sul male.

Se la battaglia con il nemico infuria
scaccia da me con il tuo forte braccio
ogni timor, ogni debolezza e ingiuria,
ogni dubbio, ogni rancor d'oltraggio.
Elimina disordine e perniciosa incuria.
Scendi dall'alto con le tue insegne sante
a difender le mura della mia anima assediata
ridona forza alle mie membra affrante
castiga il capo della milizia odiata.
Principe celeste profumato fiore
nostro condottiero, nostro bel protettore.

San Michele arcangelo, rendimi forte contro il male.

Arcangelo Michele (2004), cm 44x64
Collezione privata

Angelo custode

L'angelo custode appare tra le stelle del cielo infinito. Il suo è un atteggiamento di premura e di servizio. È pronto ad intervenire dall'alto per soccorrere chi è nel bisogno.

Appartiene al mondo dello spirito, ma porta con sé le più belle virtù che dovrebbero accompagnare l'uomo nel suo peregrinare terreno. È attento (senza tensione), è occupato (non preoccupato), è sereno, è presente, è leggero e forte. È portatore di grazia e di speranza. Le sue ali dorate ci dicono che proviene dal paradiso dove regna una luce eterna. I suoi capelli ordinati indicano obbedienza e sottomissione al Padre, il suo sguardo limpido manifesta purezza e castità; le sue mani vuote il totale distacco e la piena accoglienza di ogni dono di Dio. Quel sottile e leggero bastone che ha in mano indica che il Padre celeste gli ha conferito lo scettro del potere contro gli attacchi del nemico che perennemente ci tenta e ci spinge verso la perdizione, con questo potere egli è nostro custode buono e attento.

Invochiamolo costantemente per non essere sedotti dall'illusione del consumismo e per non essere travolti nella tenebra del peccato. Onoriamolo come bene prezioso, come luce che rischiara, come faro che guida.

Angelo bello,
mano santa
e benedicente del Padre,
suo omaggio
silente e premuroso
per noi figli suoi,
tanto amati
e così ingrati,
delicata carezza
sul cuore
e sugli occhi
che vedono l'egoismo
e la sopraffazione
nel vento devastante
far chinare il capo
ai tanti fiori
che la primavera
fa sbocciare,
che le scarpe chiodate
dei servi del potere
schiacciano nel fango.
Angelo bello,
ti siedi
presso il fiore reciso
e respiri pensoso.
Angelo bello,
dolce e radioso,
mano santa del Padre
compagno discreto
e affettuoso…

Perché l'amore trionfi sulla terra noi ti invochiamo, angelo del cielo.

Angelo custode (2005), cm 23x30
Collezione privata

Annunciazione

In analogia con le «annunciazioni» scritte sulle Porte Regali, questa icona è scritta su due tavole di radica.
Com'è consuetudine nella tradizione bizantina, l'arcangelo Gabriele si rivolge alla Vergine da sinistra e le annuncia che sarà madre del Redentore. Nella tavola, l'arcangelo porta giù con sé un frammento di cielo. Le ali si stanno ripiegando e ciò indica che ha appena terminato il suo viaggio celeste. Con profondo rispetto, benedice la creatura più alta e più nobile della terra. Maria è piccola, umile, laboriosa, composta e discreta. Essa è attonita ed immobile: prima turbata, poi disponibile ad accogliere la volontà del Signore: «Eccomi!».
Sicuramente Maria non sta con le mani in mano a fantasticare sul suo futuro. Tiene il fuso e tesse. Ora si ferma; ascolta attentamente l'arcangelo e poi dice: «Non la mia volontà, Padre celeste, sia fatta, ma la tua». Oltre trent'anni più tardi anche suo Figlio, Gesù, durante l'agonia nel Getsemani, dirà le stesse parole.
Anche per noi c'è un'annunciazione che ci raggiunge nelle attività che svolgiamo. Ciascuno di noi segue un progetto o semplicemente insegue le sue fantasie: pensieri creativi o semplici fantasticherie che ci portano depressione e scoramento. Ma l'angelo del Signore arriva…
Ma come è difficile per noi, che attribuiamo alle nostre quotidiane attività una importanza quasi assoluta e comunque esagerata, fermarci ad ascoltare! I sassolini più o meno colorati che, come fanciullini, teniamo in mano o nelle tasche, ci sembrano inestimabili tesori, e così non accettiamo che Dio ci faccia ricchi dei suoi doni di grazia, come Lui vorrebbe.

Nostro amabile Padre,
finalmente hai trovato
fra i tuoi figli
una pura,
una santa, una bella,
una casta figliola
che è pronta a seguirti
nel tuo progetto
un po' folle
di salvare la terra
e le sue tante creature.

A Lei hai inviato
il veloce messaggio,
hai svelato il tuo piano,
hai affidato l'amore,
la bellezza, la vita.
In Lei hai effuso
il tuo Spirito Santo.
In Lei hai riposto
il tuo Figlio diletto,
con Lei hai guarito
questa terra morente.

Gesù, fa' di me la zolla fertile
che possa accogliere il ricco seme della tua Parola.

Annunciazione (2004), cm 50x70
Collezione privata

Madre di Dio della tenerezza tra gli angeli

In ogni angolo della terra c'è una statua, un'immagine, un dipinto di Maria che protegge quel luogo ed i suoi abitanti. Maria è madre di tutti noi e noi siamo i suoi piccoli figli. Maria, così come è madre di Gesù, è madre di tutti coloro che sono nati e che nasceranno sulla terra. In questa icona tutto il popolo in cammino si può identificare nel Divin Figlio, mentre le creature celesti si rallegrano ed esultano dell'intensa corrente di tenerezza e di affetto che lega ogni uomo alla Madre dolce e clemente.
La stessa affettuosa dolcezza che Maria ebbe per Gesù, Ella la riserva ad ognuno di noi quando ci sorregge, ci consola, ci sprona e valorizza ogni nostro passo del cammino che ci ricongiunge al Padre che sta nei cieli. Mentre la Vergine Tuttasanta si china su di noi, ci accarezza, ci protegge nel suo tenerissimo abbraccio, tutto il cielo ed i suoi abitanti sono chini su di noi nello stesso tenero abbraccio di Maria.

E tu, Maria, sei lì,
come regina incommensurabile e rivestita d'oro,
tra caroselli di cherubini e giostre di serafini festanti,
tra angeli ed arcangeli di assoluta purezza,
tra spiriti di visione penetrante e di forza dirompente.
E tu sei lì, Maria, adorna di grazia,
come il mare e come il monte,
come l'albero immenso che si protende dal cielo alla terra.
Tu sei l'immensa tenerezza e le morbide carezze,
le dolci labbra e gli occhi di luce cristallina.
Occhi che contengono l'Infinito ed i suoi spiriti purissimi,
esultanti ed esaltati dalla presenza tua
e del tuo piccolo re del mondo.
Angeli che danzano e lodano e riversano grazie
come le nubi la pioggia sui campi.
Angeli che fanno sbocciare le rose là dove
un cuore devoto t'invoca,
là dove decidesti di lasciarci
una tua sorgente d'acqua che salva.
E tu Maria sei lì,
ci parli piano e ci tieni per mano.

Ave, Maria, stella che indica la via di Cristo.

Madre di Dio della tenerezza tra gli angeli (2005), cm 90x90
Collezione privata

Madre di Dio della consolazione

Questa Madre di Dio della consolazione rivela sentimenti di tenerezza e di assoluta empatia nei confronti del proprio Figlio. Fra i due soggetti rappresentati – Maria e Gesù – corre una palpabile corrente di affetto e di misericordia. Il contatto è intenso, fisico, carnale ma anche rivelatore della presenza dello Spirito che conferisce ad ogni creatura la suprema dignità dei figli di Dio. È il farsi carne del Verbo in Colei che si è resa disponibile ad accoglierlo.

Il Bambino porta i colori dell'amore appassionato e senza riserve (il rosso) e della natura (il verde). Maria è, come sempre, rivestita dal velo-mantello (*maphorion*) intessuto con il colore della terra per indicare la piena umanità della Tuttasanta e l'umiltà della Donna benedetta e più che benedetta. Maria si china dolcemente sul Figlio, accentuando l'aspetto di accoglienza e di protezione, mentre il suo sguardo rivela la totale disponibilità all'ascolto di Dio e al perdono di quanti la invocano, poiché in maniera privilegiata, ella ha compreso che la pienezza della vita è la pienezza dell'ascolto della parola di Dio.

Le stelle sul capo e sulla spalla di Maria simboleggiano la divina maternità e la sua perenne verginità.

Le mani di Gesù e di Maria accarezzano e stringono, sorreggono e scaldano; le loro bocche sussurrano misteriosi progetti e confermano l'adesione al piano della redenzione.

Ciao mamma,
mamma delle madri
madre degli angeli e dei santi,
di chi ti invoca
e di chi, ahimè, ti bestemmia.
Mamma premurosa e calda
come una musica nostalgica
melodica e tenera
dolce e rigenerante.
Nelle tue braccia
il dolore e la fatica si dissolvono
e torna la speranza
che è vita, che è gioia.
Fra le pieghe della tua veste
si sente un'esplosione nel cuore
e come bambini fiduciosi e lieti
corriamo sulle strade del mondo.
Sentiamo
che la vita è un bellissimo dono;
l'aria l'acqua e la terra
sono preziosi mezzi
con cui si guariscono le ferite
e si ritrovano le energie
per portare a compimento
il sogno che ognuno di noi
legge nei tuoi occhi pensosi
profondissimi e chiari.
Ciao mamma
è bello sapere che tu ci sei
e per sempre ci accudisci.

Elargiscici, Madre, le tue carezze consolatrici.

Madre di Dio della consolazione (2006), cm 23x35
Collezione privata

Madre di Dio della tenerezza

Contemplando questa icona della Madre di Dio della tenerezza, ci sembra di sentire Maria che ripete all'infinito: «Vieni, Signore!».
Il suo atteggiamento di accettazione della grazia è un'unica ed incondizionata effusione d'amore. A questo sentimento corrisponde Gesù Amore che teneramente appoggia il proprio viso sulla guancia di Maria. L'Amore ha potuto realizzare il suo desiderio di entrare nel mondo perché una Vergine purissima ha dato il suo assenso.
Contemplando l'icona, non si riesce a pensare a null'altro che al reciproco sentimento di solidale comunione tra Gesù e Maria. Lo sguardo tenero e compassionevole della Vergine Madre pervade lo spazio della tavola e giunge al cuore del fedele che le sta dinanzi. Gesù si protende verso di lei e le si abbandona. Sembra quasi che egli le voglia togliere il velo di malinconia sicuramente riconducibile ai fatti dolorosi della futura passione e morte: fatti che sono già presenti agli occhi di Maria che scrutano il futuro.
Nell'icona scorre una palpabile corrente di tenerezza dolce e compassionevole e soffusa di pudica tristezza, a motivo delle sofferenze del suo amato Figlio e per gli episodi di crudeltà, di violenza e sopraffazione di cui sono vittime molti innocenti, ma anche perché la Regina del cielo ogni giorno vede che molte persone rifiutano la grazia che il Padre celeste offre a tutti. Tale grazia darebbe profondità e pienezza alla vita di ciascuno. Noi però preferiamo rendere tutto più duro, pesante, complicato e difficile. Amiamo i conflitti, il dramma, la contrapposizione. Con Gesù potremmo avere la gioia, invece ci accontentiamo di ben poco, di un'allegria fugace e vuota. Preferiamo ciò che il saggio Qoelet definisce «vanità delle vanità» (1,2) e che non è fatto per il Regno della vita.
Per tutto questo il cuore di Maria è ancora ferito da una spada di dolore.
Insieme al piccolo Gesù, ricambiamo la tenerezza di Maria e consoliamola per le lacrime che la durezza del cuore umano le fa costantemente versare.

Ogni alba che nasce Lei ci offre una gemma
ogni sera che giunge Lei accende una stella.
Il più bel fiore che sboccia lo cogliam per la Mamma
che ci diede i suoi giorni ed accese la fiamma
partorendo l'Amore nell'umile stalla.

Vieni, Maria, a sciogliere le cicatrici delle nostre ferite.

Madre di Dio della tenerezza (2006), cm 40x50
Cappella nella casa natale di san Daniele Comboni, Limone s/G (BS)

Madre di Dio della protezione

Questa raffigurazione di Maria rimanda all'icona della Protezione della Madre di Dio suggerita all'iconografo dalla visione che Andrea il Folle ebbe nella Chiesa delle Blacherne a Costantinopoli. Il mistico vide Maria, tra Giovanni Battista e vari santi, stendere il proprio velo sui presenti in atteggiamento di protezione. Nell'icona originale, Maria viene rappresentata attorniata dagli angeli, dagli apostoli e dai dottori della Chiesa.

Nella nostra icona, scritta per la chiesa delle Ancelle della Carità all'eremo Sant'Antonio, l'immagine è alquanto semplificata e sulla tavola è stata scritta solamente Maria: ella è la Tuttasanta, con le mani rivolte verso il cielo per invocare su di noi l'aiuto celeste, e regge il velo della divina protezione.

Qui Maria sta sulla roccia del deserto, in un luogo di contemplazione e di preghiera, come lo è la chiesa dove è collocata questa icona.

I suoi occhi contemplano la croce da cui pende il Figlio nel momento altissimo del mistero della redenzione, Pasqua nella vita di ogni uomo.

Accanto a lei cresce un albero forte e rigoglioso i cui fiori sono a forma di stelle con sette petali. La loro composizione rimanda alla struttura delle palme che simboleggiano ascensione, immortalità, rigenerazione e vittoria.

Dove Maria ha posto i piedi il deserto fiorisce.

Maria,
dolcissima mamma
di tutte le creature.
Contemplando te,
sapendoti silente e fedele,
costante, amorevole e premurosa
accanto a noi,
ci sentiamo rinfrancati
nel viaggio lungo della vita
sulle orme di Gesù.
Tu ci trasmetti il calore,
il conforto, il sostegno e la protezione
per noi alimento indispensabile
nell'ascesa verso le vette alte
del vero Amore.

Maria, riscalda il freddo dei nostri cuori
con il manto rosso del tuo amore vivo.

Madre di Dio della protezione (2007), cm 60x150
Cappella casa Sant'Antonio, Brescia

Santa Famiglia

Nel Vangelo, poche parole vengono usate per descrivere la vita familiare di Gesù con i suoi genitori Maria e Giuseppe.
Trascorso il tempo della purificazione, i suoi genitori lo portano a Gerusalemme per offrirlo al Signore secondo la Legge: il Vangelo ci narra la presentazione al Tempio e l'incontro con Anna e Simeone. Tornati a Nazareth, l'evangelista Luca scrive: «Intanto il bambino cresceva, si fortificava e la grazia di Dio era sopra di lui» (Lc 2,40). In tutti i riferimenti delle Sacre Scritture è comunque evidente che lo Spirito del Signore è nella casa e nella famiglia di Nazareth, e in quest'icona Gesù è raffigurato in un atteggiamento di serena giocosità, mentre comunica ai suoi genitori la sapienza del Verbo attraverso il rotolo della Parola. Giuseppe sembra aver bisogno della rassicurazione di Maria per la missione straordinaria di far da guida e da tutore al divino Bambino. Maria lo guarda con infinita dolcezza e sembra tranquillizzarlo: «Tutto va nel migliore dei modi: come è scritto nel pensiero di Dio. Non permettiamo al dubbio di insinuarsi fra noi!». Dal canto suo Gesù ha lo sguardo assorto di colui che già vede il proprio futuro e il futuro dell'umanità.
Gli angeli sono stati raffigurati in quanto presenze costanti in questa santa dimora dove si avvicendano in devoto servizio. Umanamente parlando si potrebbe dire che sono gli angeli più felici e fortunati perché a loro è stata affidata la missione di vegliare sulla casa più santa della terra e di stare alla presenza della santa Famiglia di Gesù, Giuseppe e Maria.

Un giardino un frutteto un prato fiorito,
una casa ordinata e semplice,
luogo di tenera intimità,
dove il Figlio si sente libero
di esprimere pensieri e richieste,
libero di crescere e correre nel prato fiorito,
e voi genitori desiderate sopra ogni cosa
la realizzazione e la felicità delle vostre creature
e per questo operate, per questo vi sacrificate.
Un caminetto acceso, un tavolo robusto,
uno spazio sacro, dove vivono gli angeli…
È la bellezza della santa famiglia
che salva e salverà questo mondo malato
e gli ridarà le sembianze di un giardino fiorito.

Gesù, Giuseppe e Maria vi dono il cuore e l'anima mia.

Santa Famiglia (2006), cm 31x23
Collezione privata

San Giuseppe

La grande quercia, l'uomo maturo, affidabile, responsabile, saggio; il tutore, l'insegnante, il padre; l'artigiano, il professionista, il maestro di vita, così si affaccia al nostro orizzonte san Giuseppe. Molti fedeli lo prendono a modello e lo invocano come protettore.

In questa icona si sottolineano particolarmente alcune sue virtù: la castità, l'autorevolezza, la rettitudine. Qui Giuseppe si erge dalla roccia come una colonna, come un «cristoforo» (portatore di Gesù), ma senza l'ambizione del mitico Adòcino che voleva mettere la sua forza ed il suo coraggio al servizio del più potente re. Giuseppe, al posto della grande ambizione, possiede la grande umiltà della terra ed il silenzio che ascolta la voce di Dio, per accogliere con perfetta obbedienza la divina volontà. Questo ascolto appassionato di fede e di preghiera diventa servizio amoroso che «riscatta» il peccato dei progenitori. Il santo regge bene in alto il piccolo Gesù quasi a tutelarlo da ogni possibile vizio e contaminazione terrena. Ma la terra possiede grandi potenzialità: è umile, discreta e silente e può essere molto fertile se ben lavorata.

In ebraico Giuseppe significa «Dio aggiunga» e Dio in quel lembo di terra ha aggiunto molto e ottenuto il meglio. Ecco un uomo coerente il cui fare sgorga direttamente dall'abbondanza del cuore. Giuseppe segue il suo destino con la naturalezza dell'aquilone che segue il vento: si fidanza con Maria, la sposa, la prende con sé; assiste e protegge Gesù; mantiene la famiglia con il suo lavoro dignitoso e nobile. Come educatore e guida, custodisce Gesù dal disordine, dalle curiosità devianti e poco nobili, lo alimenta con il cibo che lo fa crescere e gli trasmette la fede dei padri e delle madri in Israele.

Il Vangelo definisce Giuseppe «uomo giusto» e Dio lo costituisce padre putativo del Figlio suo. In Giuseppe non c'è orgoglio che alimenta l'egoismo e chiude agli altri; in lui non c'è quell'ambizione che rende insensibili ai bisogni e alle esigenze del prossimo; non c'è traccia della sensualità che schiaccia a terra l'uomo e lo rende preda degli istinti peggiori.

Nell'icona, il suo manto è un frammento di terra proiettato nel cielo; la sua veste azzurra simboleggia la misericordia e l'intercessione per noi presso il Divin Figlio.

Giuseppe ci benedice e ci offre Gesù come il bene più prezioso. Ai suoi piedi sboccia rigoglioso il giglio della purezza, l'attributo dell'iconografia occidentale per questo santo silenzioso e potente, umile e forte.

San Giuseppe, uomo giusto, sostieni la nostra fatica quotidiana.

San Giuseppe (2007), cm 76x210
Santuario della Madonna dell'Accoglienza, Mendicino (CS)

Battesimo di Gesù

Nel giorno del Battesimo nel Giordano, Gesù rivela a tutti la sua natura umana e divina. In questo evento si compie ciò che contempliamo nel primo mistero della Luce: un mistero svelato da Giovanni Battista il precursore: «Io vi battezzo con acqua, ma viene uno che è più forte di me, al quale io non sono degno di sciogliere neppure il legaccio dei sandali: costui vi battezzerà in Spirito Santo e fuoco» (Lc 3,16), nel fuoco inestinguibile del suo amore. In questo giorno si manifesta la Trinità che nell'icona è rappresentata in alto dalla mano del Padre benedicente «ed ecco una voce dal cielo che disse: "Questi è il Figlio mio prediletto, nel quale mi sono compiaciuto"» (Mt 3,17), poi dalla colomba dello Spirito Santo: «Lo Spirito Santo scese sopra di lui in apparenza corporea, come di colomba» (Lc 3,22) e da Gesù immerso nell'acqua nudo, come se nascesse una seconda volta. Le acque scure del Giordano lavano i trent'anni trascorsi nella casa di Nazareth e lo preparano per la sua missione unica e straordinaria. Giovanni Battista, pur sentendosi indegno di tale compito, battezza il suo Creatore e Salvatore con devozione ed umiltà. Lo stesso adorante rispetto hanno gli angeli posti a destra che rappresentano tutte le potenze celesti presenti all'avvenimento. Il cielo dorato, straripante di luce divina, sta alle spalle di Gesù e rivela la gloria di quest'ora in cui il Dio della vita si fa compagno dell'uomo peccatore.
I due personaggi sulla sinistra rappresentano i due grandi profeti Mosè ed Elia, a cui fanno riferimento le Scritture, ma Giovanni Battista è il più grande di tutti i profeti perché vede colui che tutti hanno desiderato vedere: l'Atteso dei popoli, il Messia promesso, nel cui Nome, «si piega ogni ginocchio in cielo, in terra e sotto terra, ed ogni lingua confessa che Cristo Gesù è il Signore a gloria di Dio Padre» (cf Fil 2,10-11).

Accorrono gli angeli e le antiche genti
vengon da soli in gruppi o in squadre
ci son arcangeli troni e profeti
c'è l'immenso cielo ed il grande Padre.

Si battezza il Santo il Prediletto
colui che all'uomo ridarà la vita
si battezza Gesù il Figlio eletto
perché la terra viva e l'aria torni pulita.

Con l'acqua e con il fuoco, Signore, cancella il segno del peccato.

Battesimo di Gesù (2007), particolare della tavola dei misteri della Luce
Chiesa di San Bernardo, Sermerio di Tremosine (BS)

Nozze di Cana

Dopo il Battesimo nel Giordano e dopo le tentazioni nel deserto, Gesù inizia la sua vita pubblica. I discepoli di Giovanni Battista si interessano a lui e qualcuno lo segue, inizia a formarsi il gruppo dei dodici apostoli: Andrea, Giovanni, Simone, Filippo...

«Tre giorni dopo, ci fu uno sposalizio a Cana di Galilea, e c'era la Madre di Gesù. Fu invitato alle nozze anche Gesù con i suoi discepoli» (Gv 2,1-2).

Durante il banchetto Maria, Madre di Gesù, gli fa notare che sono terminate le riserve del vino, ma Gesù attende un'altra parola; allora sua Madre dice ai servi: «Fate quello che egli vi dirà» (Gv 2,5).

Gesù diventa il protagonista di un episodio straordinario: il miracolo delle nozze di Cana, il primo dei segni, il secondo mistero della Luce. Gesù fa riempire d'acqua le giare preposte per la purificazione dei Giudei e poi ordina: «Ora attingete e portatene al maestro di tavola» (Gv 2,8).

Quest'icona è scritta come un *mandala*: è divisa in due metà dalla linea che separa il pavimento dallo sfondo e al centro ci sono la sposa e lo sposo con le corone di fiori sul capo. Il verde cupo del pavimento è un fondo privo di luminosità, adatto ad evidenziare gli elementi della scena. Il rosso vivo della tovaglia attira l'attenzione sul movimentato banchetto di nozze. Serpeggia tra i commensali perplessità, imbarazzo e un certo turbamento.

A sinistra siedono Gesù e Maria, a destra i discepoli; dietro gli sposi, in piedi, un giovane inserviente ed il maestro di tavola. In primo piano due servi affaccendati.

Maria è serena e si china verso Gesù: «Non hanno più vino» (Gv 2,3). Ella è certa che suo Figlio potrà trovare rimedio a questo disagio, ma Gesù l'allontana: la sua ora non è giunta. Maria però è compassionevole e perseverante e Dio guarda benigno l'umiltà della sua serva, poiché a Cana di Galilea, nella gioia nuziale della festa, «Gesù manifestò la sua gloria e i suoi discepoli credettero in lui» (Gv 2,11).

Le costruzioni dietro le persone indicano che siamo all'interno di una casa. Il panno rosso che le unisce è simbolo della protezione divina. Nelle case dove dimora Gesù non viene mai meno la sua provvidente sollecitudine e la sua premurosa custodia.

Se Gesù è nostro ospite, per intercessione di Maria, possiamo invocare il prodigio di vedere la nostra umile, e forse stagnante, acqua trasformarsi in prezioso vino d'annata.

Signore Gesù, trasforma la nostra povertà
in prezioso nettare da offrire al mondo assetato di te.

Nozze di Cana (2007), cm 38x45
Collezione privata

L'annuncio del Regno

Gesù, ricolmo di Spirito Santo, è attorniato dalle folle. Tutte le creature viventi e anche le montagne sono in ascolto della bella Notizia: «I prigionieri saranno liberati, i ciechi vedranno, chi si converte vivrà in eterno!».
La terra si desta: è il risveglio della coscienza.
Ascoltando il Maestro molti spietati, negligenti, indifferenti, si ravvedono.
Finalmente si sentono responsabili, provano apprensione, si convertono.
Al contrario, coloro che hanno il cuore duro, coloro che non credono si possa vivere bene se non perseguitando, sfruttando, uccidendo, sopraffacendo, sdegnati si arrabbiano ed insorgono contro Gesù.
L'icona è volutamente scarna, sintetica, essenziale.
Il suo messaggio si può prestare a molteplici interpretazioni e, se letta con amore, può portare a svariate riflessioni.
Gesù è al centro ed in alto. Così è quando annuncia le beatitudini sulla montagna, quando perdona e risana; così è quando viene ricercato e crocifisso, quando risorge ed ascende al cielo. Egli benedice ed ammaestra. Ci ammonisce e ripete senza stancarsi: «Scegliete il bene e vivrete nella pienezza! Abbandonate l'iniquità che è morte e distruzione!».
La folla è avvinta e conquistata dalla sua autorevolezza. Le autorità, i potenti, quelli che sfruttano, sottomettono e rubano, non possono farlo tacere. I peccatori si pentono, chi è nell'angoscia è consolato e ritrova un senso ed un motivo per sperare. Chi è superficiale e vive nell'agitazione, ora riflette. Chi tentenna e dubita, ora si rincuora, trova energie nuove per proseguire il cammino. Tutto ruota e converge intorno a Gesù che è il cuore segreto di ogni vita.

Sei forte come roccia, fragrante come il pane,
sei puro come l'acqua e splendi più del sole.
Sei intenso e delicato, ingenuo e appassionato.
Sei generoso e vero; sei luce, sei speranza.
Sei scandalo per noi che timidi e meschini
ci vantiamo d'apparire
e siam bravi solo a rubare e a ferire.
Sei così solo e bello…
Insegnaci ad amare, a ridere e a perdonare.
Insegnaci a soffrire, a servire e a donare.

Accompagnaci, Gesù, alle porte del tuo regno.

L'annuncio del Regno (2007), particolare della tavola dei misteri della Luce
Chiesa di San Bernardo, Sermerio di Tremosine (BS)

Buon Pastore

Gesù buon Pastore procede verso l'ovile con l'agnello ritrovato. Ha lasciato le novantanove creature per cercare quella che si è smarrita: quella che, a causa delle distrazioni e delle illusioni, delle droghe e delle paure, delle preoccupazioni e delle tensioni, sospinta dal desiderio e dalla presunzione, si è impegolata tra i rovi della stupidità, del consumismo, del peccato. Gesù non ci lascia andare alla deriva, non si arrende: di fronte alla nostra cocciutaggine e alla nostra ostinazione, si mostra ancor più perseverante e paziente. Siamo il suo investimento, il suo tesoro, la sua stessa ragion d'essere.

Questa icona ci mostra Gesù provato dalla fatica. Egli ha percorso i sentieri della nostra perdizione, ha visto verso quali pericoli ci siamo incamminati, guidati solo da presunzione ed orgoglio. Sa che probabilmente ci allontaneremo ancora dal suo ovile, finché non capiremo che Lui è la guida sicura ed è nostro provvido sostentamento. Com'è commovente questo nostro buono e tenero Pastore! Mai un giudizio, mai un rimprovero… sempre in cammino sulla nostra oscura traccia!

Noi riposiamo sulle sue spalle, sentiamo il calore della sua vita: beati e inconsapevoli di aver cercato la morte come la falena che entra nel fuoco. Sentiamo la sua forza e la sua dolcezza e nulla ci manca; ma dobbiamo iniziare a guardarlo negli occhi, a rischiare di sentire il morso nel cuore: stiamo ricambiando la sua assoluta dedizione con superficialità e negligenza. Stiamo procurando fatica e dolore a chi è pronto ad immolarsi per noi, a chi ci ama senza riserve e ci vuole guidare alla fragranza di una realizzazione piena. Guardiamo il suo volto, impariamo a riconoscerlo, a capire ciò che già iniziamo ad intuire: con Gesù nulla manca, senza Lui c'è solo un vuoto senza limiti ed una infinita disperazione.

La sua dolcissima voce ci chiama a seguirlo senza indugio, a condividere la sua stessa passione d'amore per Dio e per gli uomini.

Sei uscito nella notte a cercarmi tra i dirupi
scivolavi fra i crepacci e mi chiamavi con tremore
rabbrividivi per il freddo e l'ululato dei lupi
procedevi a fatica mentre la pioggia ti sferzava con furore.
Avviluppato fra i rovi non trovavo un rifugio,
ma tu sapevi dove trovarmi e mi sei venuto a cercare
mi hai sollevato dai rovi e ripulito dal fango
m'hai riportato all'ovile ed alla tua mensa ho ripreso a sperare.

Alla sera riportaci, Gesù, nel tuo meraviglioso ovile.

Buon Pastore (2005), cm 19x28
Collezione privata

La Samaritana

Questa icona potrebbe essere la rappresentazione della «confessione»: sacramento a cui partecipiamo e di cui siamo testimoni soprattutto in prossimità delle grandi feste della nostra fede. Gesù, come il sacerdote confessore, ci invita ad aprirgli il cuore. Il suo atteggiamento di piena e totale accoglienza induce la Samaritana a presentargli l'anfora-cuore. La donna sembra voler porre la propria preziosa ampolla nelle mani di Gesù perché questi ne rinnovi il contenuto.

Gli intimi del Maestro, in disparte dietro la roccia, sono sospettosi e diffidenti: forse sperano che Gesù non voglia perdere il suo tempo con una donna di Samaria. «Nessuno tuttavia gli disse: "Che desideri?", o: "Perché parli con lei?"» (Gv 4,27).

Al centro della scena c'è l'antico pozzo di Giacobbe con la sua acqua buona che disseta il corpo e tonifica le membra. A sinistra, per contro, Gesù emerge da una fonte di acqua chiara che toglie il peccato e cancella la colpa, che purifica e rigenera; che guarisce, fortifica e ci conferma di appartenere all'eternità.

Di quest'acqua di sorgente zampillante di Vita eterna, Gesù ha ricolmato il cuore-anfora della Samaritana che, spinta da una forza irrefrenabile, corre a Sichar, dove abita: «Ho incontrato un Profeta, il Cristo che attendiamo! Egli conosce ogni cosa e rimette ogni debito!».

La Samaritana vive con un uomo che non è suo marito, ma ora ha trovato qualcosa di più appagante di questa gratificazione. Tutta la città, che vediamo sullo sfondo a destra, sentirà la sua testimonianza, perché ora la donna possiede una nuova forza interiore: le gambe corrono, il cuore è gonfio, la bocca grida: «Gesù m'ha trasformata: voglio che anche voi lo abbiate a conoscere!».

Attraversavi l'oceano con un'imbarcazione da poco
sul pontile gli amici, nella stiva del pane
una mappa sgualcita nelle stufe del fuoco
preoccupata soltanto di non patire freddo né fame.
Ma dopo un'altra tempesta che ti ha colmata d'angoscia
sei approdata ad un'isola che sembrava abitata
da un signore accogliente in una grotta ruvida e liscia
nel suo sguardo affabile e lieto riposa la tua l'anima agitata.
Stavi esaurendo la corsa seguendo una meta sbagliata.

Dolce Nazareno, lava le nostre vite con la tua acqua pura.

La Samaritana (1998), cm 75x100
Cappella della Comunità «Maria», Olivaro San Giovanni in Fiore (CS)

La pesca miracolosa

«Quando ebbe finito di parlare, disse a Simone: "Prendi il largo e gettate le vostre reti per la pesca"» (Lc 5,4).

Questa interpretazione della Pesca miracolosa vede i dodici apostoli, i discepoli più intimi, con Gesù al largo del lago di Tiberiade. Sufficientemente lontani dalla folla, dai rumori, dalle attività, dalle preoccupazioni, dai legami, è il momento di rispondere all'estremo invito del Maestro: «Gettate le vostre reti per la pesca». «Guarda, Gesù, che abbiamo verificato: in quelle acque non c'è pesce, non c'è nulla! Però sulla fiducia...» e qui tocchiamo con mano la straordinaria sovrabbondanza del Bene che Dio è. I suoi magazzini sono stracolmi, le sue ricchezze incalcolabili, incontenibili i suoi tesori. Ma perché lo si possa verificare, dobbiamo aver preso il largo con Gesù. Staccati a sufficienza da riva, da terra, si calano le vele e si gettano le reti. Come Gesù portava gli apostoli alla conoscenza tramite fatti concreti, tangibili, così noi verifichiamo negli avvenimenti quotidiani che se si sceglie di credere con ostinazione, alla fine, ritrovandoci al largo con Lui, tutto è pienezza, abbondanza, grazia: totale è il perdono, totale è la guarigione, assoluta la perfezione. Tutto il nostro sforzo serve solo per renderci consapevoli della nostra debolezza, dei nostri limiti. «Abbiamo pescato tutta la notte e non è servito! Abbiamo provato con lo studio, con il lavoro, con la famiglia: niente! È giunto il tempo di seguire le tue indicazioni, Gesù. Ora che, fiduciosi siamo usciti fuori con te, di fronte a questa sovrabbondanza di pesca, siamo sconvolti, turbati, rapiti, conquistati, affascinati».

Ma Gesù ci rassicura. La barca con le sue vele e le reti calate nell'acqua è come un cuore. Nel cuore risiedono Cristo ed i suoi santi e con essi i nostri santi defunti che vivono ora in una dimensione più profonda e vera, in una condizione di preghiera e di lode, ma anche di sofferenza e turbamento nel vedere come noi, viventi sulla terra, si sia così violentemente legati a ciò che è caduco ed effimero.

Deposte le armi dell'agitazione, della frenesia e della preoccupazione riusciamo a sentire Gesù mentre ci dice: «Non temere, d'ora in poi tu sarai pescatore di anime!».

Nostra madre ha pregato,
l'abbiam baciata e se ne è andata.
Nostro figlio si è ammalato,
ha giurato
e nella legion straniera si è arruolato.

Accoglimi, Gesù, come pescatore nel grande mare del tuo amore.

La pesca miracolosa (2007), cm 35x51
Collezione privata

Nostra figlia era tornata,
ma poi di uno sconosciuto s'è invaghita
e nuovamente è sparita.

Noi abbiam pianto
e tenendoci per mano
abbiam taciuto.
Anche il cinguettio dalla finestra
s'è chetato
e l'orologio alla parete
s'è fermato.
Il brusio dei pensieri,
come un bimbo stanco,
finalmente s'è assopito.
Nel silenzio ormai completo
abbiamo scoperto la pace
ed il Creatore.

Qui dove non c'è ansia,
non c'è vergogna
né senso di inadeguatezza,
il grande Artista sta creando
la sua opera d'arte
ed in questa assenza
ci ha chiamati a guardare,
ad ascoltare e ad agire.

Tutt'intorno è nata una musica nuova,
profumi soavi e nuovi colori,
delicate armonie di cui siam fautori.

Quali erano i nostri bisogni
or che sentiamo di vivere la Vita?
Or che realizziamo con Lui
la sua opera grande?

Il mondo ci ha lasciato,
ma nel silenzio in Lui
l'abbiam ritrovato
ed al largo del lago di Tiberiade,
pescatori d'anime
siam diventati.

La pesca miracolosa (2007), particolare
Collezione privata

L'Unzione

Questa icona è aderente alle descrizioni dell'episodio dell'unzione fatte da Luca e da Giovanni. L'evangelista Giovanni scrive: «Maria allora, presa una libbra di olio profumato di vero nardo, assai prezioso, cosparse i piedi di Gesù e li asciugò con i suoi capelli, e tutta la casa si riempì del profumo dell'unguento» (Gv 12,3). Secondo l'evangelista, il Maestro, sei giorni prima della Pasqua, si reca a Betania in casa di Lazzaro che Egli ha risuscitato. Mentre Marta serve a tavola, Maria, presentendo i grandi e drammatici eventi che precedono la Pasqua, versa tutto il suo tesoro profumato sui piedi del Signore e glieli asciuga con i propri capelli.
Ma nell'icona il trasporto e la commozione della donna tracimano nelle grosse lacrime che versa sui piedi di Gesù e che si mescolano al profumo prezioso, e richiamano l'episodio che Luca colloca nella casa di Simone il fariseo (Lc 7,36-40). Per Luca la donna è una pubblica peccatrice che, venuta a sapere che il Maestro è stato invitato a pranzo da Simone, corre in quella casa, si getta ai piedi di Gesù e glieli bacia piangendo e ungendoli di profumo. Nell'icona, all'atteggiamento di prostrazione e di totale abbandono della donna, si contrappone l'atteggiamento solenne e benedicente di Gesù. Egli accoglie e giustifica il gesto della donna contrapponendo ai «valori» umani i suoi valori, e offrendo al mondo alcune gocce della generosità divina. Ci raccomanda di rinunciare a tutti i beni terreni per il bene dell'anima che si nutre di quanto esce dalla bocca di Dio; ci ricorda che chi ha molto amato, molto riceve in dono e chi molto è stato amato, molto è disposto a donare senza rimpianti di sorta.
L'uomo sulla sinistra rappresenta un po' tutti noi che ci scandalizziamo di fronte a un gesto di apertura verso chi trasgredisce le regole del buon costume o verso chi si comporta in modo non convenzionale.
Sulla destra, Marta rappresenta tutti coloro che si reputano nel giusto perché servono il prossimo e pagano le decime, però non accolgono la sfida della diversità e divengono critici e discriminanti.
Al centro della scena, Gesù è come il cuore al centro del nostro petto e ci insegna che ciò che veramente conta è l'amore che anima il cuore e lo fa battere calmo e forte. Egli ci consegna tutta la sua vita come dono d'amore, infatti porta sul braccio sinistro l'asciugatoio che gli servirà per lavare i piedi agli apostoli, durante l'ultima cena.

Amabile Gesù, perdona i nostri errori affinché i nostri cuori trabocchino d'amore per te e il nostro prossimo.

L'Unzione (2003), cm 32x43
Collezione privata

La Trasfigurazione

Nel canone iconografico della Trasfigurazione si rende visibile il tema della divinizzazione dell'uomo attraverso l'Incarnazione del Cristo, tema particolarmente caro alla spiritualità dell'Oriente cristiano. Nell'icona, vediamo Gesù che sul monte Tabor avvolge i discepoli nello splendore della sua luce. Nell'icona della Trasfigurazione ci viene rivelato il «ministero» di ogni icona, la sua funzione nei confronti dei fedeli: ci penetra con la sua luce, elevandoci. I tre discepoli che accompagnano Gesù nella salita, non sono sul crinale della montagna ma dentro la grotta. La grotta è simbolo del grembo, mentre la lenta salita è il tunnel attraverso il quale giungiamo alla vita spirituale e alla luce divina.
I discepoli cadono dalla cima scoscesa, atterrati e atterriti dalla fulgidissima visione. La parte inferiore dell'icona, con il dinamismo movimentato degli apostoli sconvolti dalla scena soprannaturale a cui hanno assistito, si contrappone alla metà superiore, dove colpisce la maestosa e ieratica figura di Cristo che con la sua luce avvolge i profeti Mosè ed Elia e forma il cerchio perfetto dell'Eternità. Gesù, con le vesti candide del risorto, è al centro di un diagramma chiamato mandorla, formato da cerchi concentrici, simbolo della totalità delle sfere dell'universo creato. Dietro la figura di Cristo, due triangoli rovesciati ed incrociati formano una stella a sei punte. Sono le estremità di due frecce puntate in direzioni diametralmente opposte che si intersecano all'altezza del cuore di Cristo. Le punte della stella sono bianche e oro al grado massimo di lucentezza per esprimere l'ineffabile: l'essenza divina invisibile ed inaccessibile di quel Dio che nessuno ha mai visto e che i cieli, simboleggiati dai cerchi concentrici, nella loro immensità non riescono a contenere. Dal Cristo trasfigurato si dipartono tre raggi che giungono fino agli apostoli colpiti ed edificati al tempo stesso, stupiti e meravigliati, storditi dalla gioia e dall'amore. Inondati dalla sobria ebbrezza della grazia, cadranno nel sonno. Nella parte superiore dell'icona, Mosè ed Elia simbolizzano la Legge e i Profeti, il rigore e la disciplina. Il loro atteggiamento è reverenziale e rivela il profondo legame con Gesù, che riconoscono Signore e Dio, Messia e Maestro: essi sono allievi e discepoli del Figlio. Nei riquadri a forma di nuvola due angeli portano Elia e Mosè nelle dimore celesti, poiché secondo le Scritture e la Tradizione, essi non sarebbero morti ma sarebbero stati condotti dagli angeli in paradiso.

Mostrami il tuo volto, Signore,
e camminerò nella luce della tua conoscenza.

La Trasfigurazione (2004), cm 37x48
Collezione privata

Ultima cena

L'icona riproduce il quinto mistero della Luce: l'ultima cena o l'istituzione dell'Eucaristia.
Al termine della sua missione terrena, Gesù compie il rito in cui si consegna ai suoi per sempre: durante la cena pasquale si offre come cibo e bevanda di redenzione.
In questo momento di altissima intensità spirituale si consuma anche il dramma del tradimento di Giuda, tanto simile ai tradimenti che viviamo quando nel peccato voltiamo le spalle a Gesù.
Dalla tavola traspare un sentimento di mestizia e una preoccupazione appena accennata si legge negli occhi degli apostoli: le parole del Maestro li hanno profondamente turbati: «In verità io vi dico, uno di voi mi tradirà» (Mt 26,21). Nei loro sguardi, notiamo l'inquietante interrogativo: «Sono forse io, Signore?» (Mt 26,22).
Mentre Giovanni cerca di consolare il suo Maestro, Giuda deve vincere l'ansia muovendosi: evita di incrociare gli occhi dei compagni allungandosi verso il centro della tavola per mettere la sua mano nel piatto posto davanti a Gesù ed il Figlio dell'uomo lo smaschera.
Anche noi con gli apostoli sentiamo che il momento è solenne e grave. Gesù Cristo sta offrendo a tutti la sua nuova ed eterna Alleanza: chi mangia il suo corpo e beve il suo sangue sarà partecipe della sua stessa vita. Gli apostoli, primi destinatari di tale sublime dono, sono rappresentati come uomini comuni e semplici, mentre la persona di Gesù è raffigurata tutta intera. È l'unico ad avere l'aureola e si rivolge agli altri commensali in atteggiamento di donazione che anticipa la sua imminente morte in croce. Dopo questa cena pasquale nulla sarà più uguale a prima.
Ancora in molti tradiranno Gesù, ma Egli continuerà ad offrirsi come pane di vita per il mondo.

Ora il Maestro li raccoglie a sé
sta per donar loro la risposta ad ogni perché:
li amerà fino in fondo perché possano capire
che la Vita è offrirsi in pasto al mondo.
Chi mangerà di Lui potrà sentirsi sazio,
chi ne berrà l'essenza ne spargerà fragranza.
Chi lo testimonierà perennemente vivrà.

Signore Gesù, fa' di noi i testimoni del tuo amore.

Ultima cena (2007), particolare della tavola dei misteri della Luce
Chiesa di San Bernardo, Sermerio di Tremosine (BS)

Santa e vivificante Croce

Questa croce si ispira alla faccia anteriore della stauroteca di Cosenza, un reliquiario che, secondo tradizione, conserva un frammento del legno della croce dove Gesù si offrì al Padre per la nostra salvezza.
Analizzando l'icona, di dimensioni molto maggiori del reliquiario di Cosenza, vediamo che a destra e sinistra di Gesù crocifisso sono rappresentati Maria e Giovanni Battista. Gesù ha gli occhi aperti, nel suo corpo crocifisso l'alfabeto delle ferite ha scritto il salvifico memoriale della misericordia di Dio. Il Signore crocifisso si rivolge a Maria, ritta alla sua destra per affidarle l'intera umanità: «Donna, ecco il tuo figlio!» (Gv 19,26).
La stauroteca risente fortemente della cultura bizantina e le figure di Maria e di Giovanni Battista rimandano alla *Deesis*, la grande intercessione presso il trono del Re. Il volto di Maria è mesto e triste; ella si inchina per accogliere il mistero del dolore e dell'amore. D'ora in poi, vicino ad ogni uomo crocifisso ci sarà la Madre che sostiene e che consola, che invoca il dono della speranza e della pace. Maria è la nuova Eva, madre di ciascun uomo, che vede l'infinito amore offerto in sacrifico. L'immensità di questo amore spalanca nel suo cuore nuovi e inauditi orizzonti di accoglienza. Giovanni Battista, il Precursore, ha un atteggiamento simile a quello di Maria. Egli è precursore e testimone e in lui ogni uomo si riconosce figlio nel Figlio e testimonia l'inestimabile atto d'amore compiuto da Cristo. Il Battista «venne come testimone per rendere testimonianza alla luce, perché tutti credessero per mezzo di lui» (Gv 1,7). Egli vide lo Spirito Santo discendere sopra Gesù nel Giordano e udì la voce dal cielo proclamare: «Questi è il mio Figlio prediletto, nel quale mi sono compiaciuto» (Mt 3,17).
In alto, sopra la Croce santa, c'è un'altra figura in piedi: si tratta dell'arcangelo Michele con le braccia aperte e con le mani che reggono i simboli degli arcangeli: da una parte il lungo bastone, simbolo della sua autorità di messaggero dell'Altissimo; dall'altra, il grande specchio sferico che gli permette di scrutare ogni angolo del creato. Le vesti dell'angelo splendono dell'ineffabile gloria di Dio.
Sotto i piedi di Cristo crocifisso sono rappresentati i simboli della Passione: i chiodi, la lancia, la spugna, il calice che raccoglie il sangue e la colomba, simbolo dello Spirito effuso dall'alto della croce e allegoria dell'allora arcivescovo di Cosenza, Opizone Colombo.

Ti saluto, o Croce santa, che portasti il nostro Amore.

Santa e vivificante Croce (2003), cm 115x150
Cappella del Seminario Maggiore, Cosenza

Emmaus

L'icona si compone di tre tavole e descrive i tre momenti del cammino dei discepoli di Emmaus. Le due tavole laterali sono la necessaria cornice di quella centrale che è il centro visivo e spirituale, poiché custodisce la rivelazione di Gesù come Pane di vita per il cammino dell'uomo. Il tempo è fermo sull'Eternità di Dio: tutto tace mentre Egli si manifesta. I due pellegrini procedono immersi nei pensieri e in tristi considerazioni. L'icona evidenzia il movimento che li porta lontano da Gerusalemme, l'apprensione, la tristezza e la solitudine. Lo sconosciuto è calmo, procede sicuro e attento, prendendo su di sé la tensione dei due. Con fermezza, richiama alla loro mente le Scritture e la sua sapienza affascina i due che gli rimangono al fianco fino a sera, fino ad Emmaus che sullo sfondo appare più vicina rispetto a Gerusalemme. Sulla via, si vedono sassi e piante fiorite, simbolo delle asperità e dei momenti lieti. La Gerusalemme promessa si intravede dietro le aride rocce del deserto, anche se su di noi incombono gli squallidi palazzi del potere, dei ricchi epuloni che vogliono imporre al mondo le ingiuste leggi della sopraffazione e dell'ingiuria.

Ma giunta la sera, finalmente, Gesù risponde alle nostre preghiere: «Resta con noi perché si fa sera e il giorno già volge al declino» (Lc 24,29). Egli spezza per noi il suo Pane e si manifesta come sommo sacerdote, come Re dell'universo. La nostra dimora ora è tempio di Dio. Il panno rosso intriso del sangue versato dall'Agnello congiunge la nostra casa al tempio santo.

Se sono giovane, mi riconosco nel discepolo di sinistra: le mani che vorrebbero abbracciare Gesù sono coperte dal manto, le labbra che lo vorrebbero baciare sono chiuse, è necessario lasciarsi ancora attirare e istruire dal Maestro! A destra di Cristo Gesù, possono sentirsi rappresentate le persone più mature, quelle che hanno seguito Gesù fino al Calvario ed ora possono alzare con Lui il calice della salvezza.

Nella tavola a destra, i due tornano a Gerusalemme (in evidenza sullo sfondo), hanno nelle mani un rotolo, simbolo della sapienza ricevuta da Gesù, nel cuore c'è la gioia piena, negli occhi c'è la luce della vera conoscenza. Procedono affiancati, condividendo con felice consapevolezza quanto hanno vissuto: ricchi dell'incontro con il Risorto sono pronti a donare a tutti il loro tesoro.

Resta con noi, Signore: arde di Te il nostro cuore.

Emmaus (2007), cm 290x163
Cappella dell'Oratorio della parrocchia di Sant'Antonio di Padova alla Brunella, Varese

La Vite e i tralci

Tra i grandi veggenti di cui ci parla la Bibbia, alcuni hanno visto le porte del Cielo spalancarsi su un grande carro di luce, di fuoco e di fulgido metallo e su un trono di gloria. Isaia, Ezechiele e Giovanni hanno avuto questo privilegio.

Per Isaia (6,1-4), il Signore è assiso sopra un alto trono ed è circondato da serafini che gridano: «Santo, Santo, Santo è il Signore degli eserciti, tutta la terra è piena della sua gloria» (Is 6,3).

Ezechiele vede giungere da settentrione un vento impetuoso. Dal centro di una grande nube si sprigiona un fuoco guizzante e dal fuoco traspaiono quattro esseri viventi, davanti hanno sembianza d'uomo, a destra di leone, a sinistra di bue; tutti e quattro hanno aspetto d'aquila. Sono come le quattro ruote d'un grande carro; sopra di essi appare un trono e sul trono una figura d'uomo. Tutt'intorno rifulge lo splendore della gloria del Signore (Ez 1). Nell'Apocalisse, Giovanni viene rapito in estasi nel giorno del Signore e vede uno assiso su un alto trono. In mezzo, davanti ed intorno al trono quattro esseri viventi, il primo simile ad un leone, il secondo ad un vitello, il terzo con la faccia d'uomo ed il quarto simile ad un'aquila che vola (Ap 4,6-8).

L'icona rappresenta il Cristo seduto nelle profondità del cielo stellato: benedice ed è rivestito del fulgore del fuoco e dell'oro. Nel libro della Parola che tiene aperto, leggiamo: «Io sono la Vite, voi i tralci» (Gv 15,5).

Egli è il cuore pulsante; i grandi canali che portano linfa vitale alla terra sono i quattro evangelisti; i tralci rappresentano i santi testimoni del Cristo.

Nella vigna un po' d'uva dal contadino vien mangiata,
un po' marcisce o non riesce a maturare;
perlopiù alla cantina nelle ceste vien portata
perché ridotta a mosto nelle botti possa fermentare.
Qui il suo zucchero in alcool si traduce
rendendo il succo d'uva bevanda inebriante
che assunta con moderazione all'ottimismo induce
ma stordisce e ottunde chi è stolto ed incosciente.
Parte di questo nettare il sacerdote sull'altare benedice
e trasforma il vino in santo distillato
che il cammino del credente verso l'alto dirige
e gli fa incontrar Maria assunta nel gran cielo stellato.

Fa' che ogni battito del mio cuore
sia un: Gloria a te, Santo Immortale.

La Vite e i tralci (2005), cm 26x40
Collezione privata

San Matteo evangelista

L'icona rappresenta Matteo, il primo dei quattro evangelisti, seduto allo scrittoio, non più banco dell'esattore d'imposte, ma luogo di riflessione e di raccoglimento dove poter radunare i ricordi e le testimonianze raccolte su Gesù in un'opera che annunci che Gesù è il Messia, preannunciato dalle Scritture d'Israele.

Nel suo Evangelo, Matteo si attribuisce l'appellativo di pubblicano: esattore dei dazi e delle imposte. Era un mestiere che poteva essere esercitato con una certa disinvoltura e che induceva i gabellieri del tempo a pretendere quelle che oggi chiamiamo «tangenti», il più delle volte dai poveri e dagli indifesi che si sentivano così derubati del poco che erano riusciti a ricavare dal loro duro lavoro. Era una professione malvista, da strozzini.

Come scrive lo stesso evangelista, «Gesù vide un uomo, seduto al banco delle imposte, chiamato Matteo, e gli disse: "Seguimi". Ed egli si alzò e lo seguì» (Mt 9,9).

Secondo la tradizione, una dozzina d'anni dopo la morte di Gesù, Matteo (dono di Dio) entra nella sua camera, chiude la porta e nel segreto prega il Padre: «Suggeriscimi le parole». Il Padre gli manda l'angelo che pazientemente gli ispira il lungo, preciso, prezioso e dettagliato resoconto: genealogia di Gesù discendente da Abramo della stirpe di Davide, nascita ed infanzia, ministero in Galilea, pasqua del Maestro, apparizioni del Risorto. Ecco la descrizione della vita di Gesù uomo-Dio venuto sulla terra a compiere la sua missione redentiva.

Matteo cita spesso le antiche profezie per evidenziare che il Messia promesso è proprio quel Gesù di Nazareth che con tanta crudele determinazione fu messo a morte.

Anche Matteo, come gli altri evangelisti, lavora sotto il manto della protezione divina, così come tutti i chiamati che senza indugio hanno risposto «sì» all'appello del Signore.

Matteo scrive per un mondo migliore
vuol far conoscere a tutti il Verbo di nostro Signore.
Ci son orfani e vedove, ci sono i drogati;
c'è chi ha il cuore ferito, i piedi legati.
Lui ci dice con forza:
«Rinuncia ad ogni illusione!
Rendi degna d'eterno ogni tua piccola azione!».

Matteo, insegnaci ad ascoltare nel segreto del cuore
la parola del Padre.

San Matteo evangelista (2006), cm 38x48
Collezione privata

San Marco evangelista

Marco è seduto alla scrivania nell'atto di redigere il suo Vangelo sulle vicende riguardanti Gesù, il Redentore.
Le abitazioni sullo sfondo indicano le città che i passi di Marco hanno conosciuto: Gerusalemme, dove nacque, Antiochia dove seguì Barnaba e Paolo apostolo, Roma dove accompagnò Pietro e scrisse il Vangelo riportando la testimonianza del primo tra gli apostoli, Alessandria d'Egitto dove fondò la prima Chiesa, fu martirizzato e seppellito, Venezia dove, verso la fine del primo millennio, furono trasportate le sue spoglie.
Il Vangelo di Marco è immediato, breve, incisivo, colorito: rispecchia la personalità e lo stile di Pietro, al seguito del quale l'evangelista percorre le strade del mondo per portare la buona novella alle genti del Nord Africa, dell'Asia Minore e dell'Europa centrale. Il Vangelo di Marco non custodisce i ricordi dell'infanzia di Gesù; si sofferma sul suo ministero in Galilea e ci dà un resoconto particolareggiato della passione, morte e risurrezione del Maestro.
Nell'icona domina il rosso: i tetti delle abitazioni, la tovaglia dello scrittoio ed il mantello sono di questo colore e tale nota cromatica rende evidente i tratti d'impulsività e di passionalità presenti nell'evangelista che, con pennellate scarne ed incisive, racconta di un Gesù molto dinamico: guarisce dai mali, scaccia il demonio, sconfigge la morte. Ogni scena si svolge rapida ed incalzante. Il Nazareno viene, entra, sale, incontra, torna, guarisce, impone le mani, scaccia, chiama, raduna, sceglie; rovescia i banchi dei cambiamonete... È un Re che compie prodigi a favore del suo popolo e che impone il silenzio a quanti vogliono svelare il suo segreto messianico.
Il Vangelo di Marco è avvincente; il tempo di Gesù è breve e prezioso: «Il tempo è compiuto e il regno di Dio è vicino; convertitevi e credete al vangelo» (Mc 1,15). Ogni cosa trova il suo giusto posto davanti a Dio: gli ultimi sono i primi nel suo regno, i poveri sono i veri ricchi, gli umiliati e gli offesi si rallegrano ed esultano.

Come un ruggito forte, come un re possente
come un'alta torre, come una zampillante fonte,
come un sole gagliardo sopra l'orizzonte
con te san Marco proclamiamo che il Signore
ha sconfitto il peccato e ha vinto la morte.

San Marco tu ci insegni a rifuggire ogni autocommiserazione e a riconoscere che Gesù è Verità.

San Marco evangelista (2003), cm 35x45
Chiesa di San Francesco Saverio, Astore di Castiglione d/S (MN)

San Luca evangelista

Luca evangelista, autore del terzo Vangelo, è nel suo raffinato ambiente di scrittore coscienzioso e poetico. Colto e intellettuale, con inclinazioni artistiche, era medico di professione (cf Col 4,14).
Discepolo e fedelissimo seguace di Paolo, si converte al cristianesimo dopo la morte di Gesù che probabilmente non ha incontrato in vita. Si suppone invece che abbia conosciuto Maria, la Madre di Gesù, e che da lei abbia appreso i particolari dell'infanzia e della vita del Maestro.
Infatti, in lingua greca, che padroneggiava disinvoltamente, egli racconta con grazia e precisione: l'annunciazione a Maria, la visitazione, la natività, la presentazione al Tempio, il ritrovamento di Gesù...
Da Luca ci giungono le parabole più belle, come quella del figliol prodigo che, nell'icona, egli sta iniziando a scrivere in un tempo di ispirato raccoglimento. In una casa, ci sono due figli, uno rimane fedele al padre, ma non si libera dalla presunzione di essere giusto; l'altro vuol far di testa sua: cavalca l'onda del piacere e della dissolutezza fino a sentirne amarezza e cordoglio. Riconosce i propri limiti e si pente per le proprie dissennate scelte. Il Padre può così mostrare la sua infinita misericordia.
Forse anche Luca, proveniente da Antiochia di Siria e di origini pagane, si sentì un po' come il figliol prodigo, ma ben presto si convertì al cristianesimo. Ora è sotto la protezione del Padre simbolicamente rappresentata nell'icona dal grande panno rosso.

Dolcissimo poeta elegante e raffinato
amato da Maria da san Paolo stimato
le parabole più belle di Gesù ci hai tramandato
e sulle bianche strade di Nazareth
con te abbiam camminato.
San Luca evangelista, padre degli iconografi
conduci bambini e giovani ispira i genitori
governa mano e cuore di scrittori e commediografi
illumina le menti di musici e pittori.
Tu che hai descritto bene la misericordia del Signore
ed hai diffuso intorno il suo messaggio d'amore
guarisci le ferite che hanno indurito il cuore
insegnaci a non rifiutare la croce ed il dolore.
San Luca evangelista dolce e raffinato
che bella l'esperienza di averti conosciuto.

*San Luca, scrivi nei nostri cuori
i volti eterni di Gesù e Maria.*

San Luca evangelista (2003), cm 35x45
Chiesa di San Francesco Saverio, Astore di Castiglione d/S (MN)

San Giovanni evangelista

In questa icona, Giovanni evangelista è raffigurato seduto allo scrittoio nell'atto di redigere il quarto Vangelo. È già molto avanti negli anni e si preoccupa di confutare le eresie che iniziano a diffondersi nella Chiesa nascente e che mirano a negare la divinità di Gesù di Nazareth.
La sua è una vita d'azione e di preghiera profondamente radicata nella storia e costantemente illuminata dall'esperienza del trascendente.
Fu colonna della Chiesa nascente.
Vescovo della città di Efeso, evangelizzò l'Asia. Deportato a Roma dai persecutori dei cristiani, si racconta fosse stato immerso in una caldaia di olio bollente senza subirne danni. Fu relegato sull'isola di Patmos.
Ebbe mirabili visioni che descrisse nel libro dell'Apocalisse. I discepoli pensavano che Gesù avesse scelto per lui, il prediletto, l'immortalità (cf Gv 21,22-23).
Intorno al 95 d.C., pur mostrando di ben conoscere i tre Vangeli di Matteo, di Marco e di Luca, iniziò a scrivere il suo Vangelo per spiegare l'essenza stessa di Gesù uomo-Dio: «In principio era il Verbo e il Verbo era presso Dio. Il Verbo era Dio» (Gv 1,1).
Riportando episodi della vita di Gesù, ricchi di dialoghi e di insegnamenti, di dispute e di polemiche, Giovanni sintetizza la natura del suo Signore in un'unica parola: Amore.
Gesù-Dio-Amore è gioia e salvezza per il mondo.
In Occidente, siamo molto condizionati dall'immagine di Giovanni, discepolo prediletto di Gesù, fervoroso e fedelissimo, appassionato e giovane, vergine e puro.
In Oriente, invece, è più diffusa la sua icona di saggio centenario dallo sguardo d'aquila, dalla vista e dalla mente acutissime. È il «Veggente» per eccellenza e come tale è rappresentato mentre tende l'orecchio a Dio. Il veggente, infatti, vede con tutti i cinque sensi. Quell'orecchio che ha ascoltato i battiti del cuore più tenero e bello che la terra ed il cielo abbiano mai conosciuto, ora «sente» le frequenze di Dio Padre e ne trasmette la Parola.
Quell'amore che anima la materia e che la fa vivere, lo si può sentire vibrare nella grotta del nostro petto.
Contemplando questa icona le montagne sembrano le costole del petto e Giovanni ne è il cuore pulsante.
Ciò che anima il cuore, e ci fa vivere, è Gesù-Amore, il Verbo, Dio.

Ispira in noi, Giovanni,
la tua passione e la tua fedeltà per Gesù Cristo, Verbo di Dio.

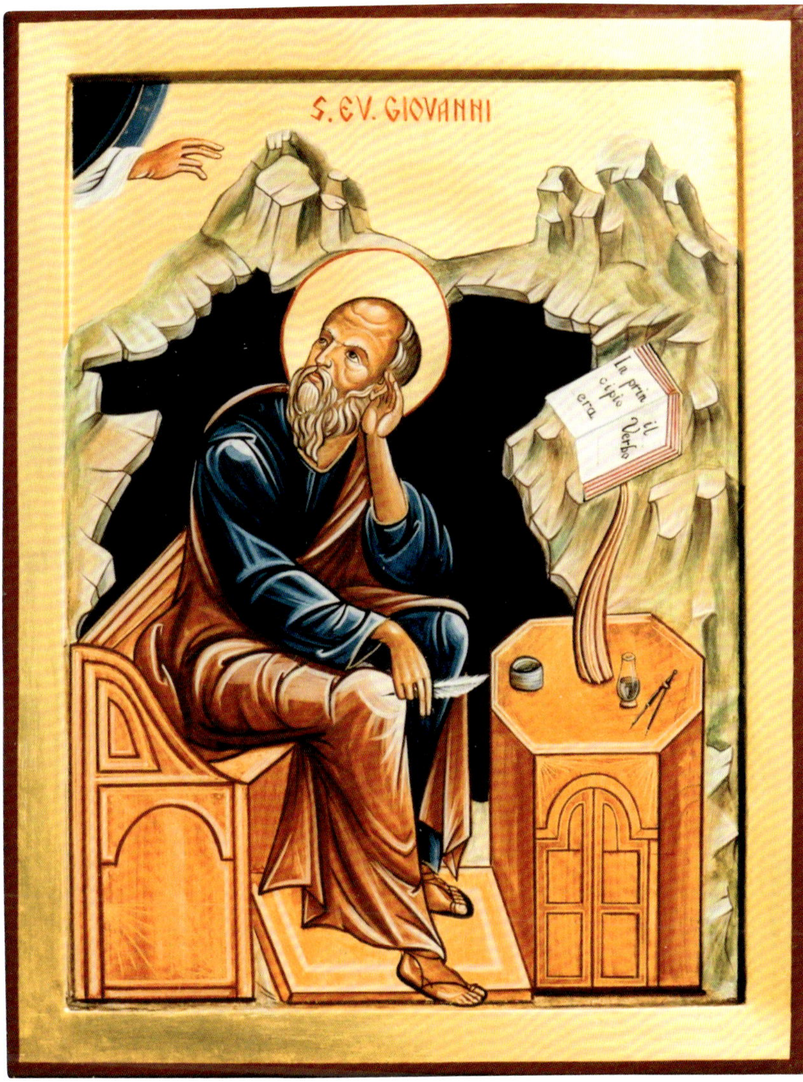

San Giovanni evangelista (2003), cm 35x45
Chiesa di San Francesco Saverio, Astore di Castiglione d/S (MN)

San Paolo

L'icona rappresenta Saulo, il futuro san Paolo, a colloquio con Gesù. È caduto a terra, folgorato da una luce mentre, con altri, si recava a Damasco a caccia di cristiani: «Saulo, Saulo, perché mi perseguiti?». Rispose: «Chi sei, o Signore?». E la voce: «Io sono Gesù, che tu perseguiti!» (At 9,4-5). Secondo la tradizione, questo israelita era piccolo di statura, d'aspetto poco piacevole, ispido di pelo, ma con una energia non comune. Dalla potenza delle sue lettere, dai tanti e frequenti viaggi, gli si riconoscono: fervore, essenzialità e tensione verso la verità.
L'icona lo mostra armato, attonito e stupito, ma pronto a reagire. La Luce che lo ha folgorato è così straordinaria e superiore ad ogni potere umano da giustificare la sua domanda.
Gesù conosce i suoi e sa bene che con Paolo era necessario ricorrere alle estreme soluzioni. Le parole che gli rivolge sono scarne ed essenziali: non lo rassicura con un «non temere», ma gli comanda di alzarsi e di entrare in città dove gli verrà detto che cosa dovrà fare. Nello sfondo ocra si intravede Damasco, presso la quale Paolo si stava recando con i suoi compagni. Le lettere che aveva richiesto al sommo sacerdote, e che l'autorizzavano ad imprigionare i seguaci del Signore, sono cadute a terra e la spada viene abbandonata. D'ora in poi il futuro apostolo delle genti sarà ministro di Gesù e testimone della potenza dell'Evangelo santo. Il verde albero a destra è simbolo della Chiesa nascente che mette radici nelle profondità della terra ed espande le sue fronde. Il cavallo è stato inserito nell'icona in omaggio alla tradizione occidentale. Gesù, in alto nel cielo, è già pronto a consegnare all'apostolo la corona di giustizia a cui si riferisce Paolo nella Seconda lettera a Timoteo nel celebre passo: «Ho combattuto la buona battaglia, ho terminato la mia corsa, ho conservato la fede. Ora mi resta solo la corona di giustizia che il Signore, giusto giudice, mi consegnerà in quel giorno» (2Tm 4,7-8).

Quel roveto che arde e non ti consuma…
hai l'irruenza del capo e la dolcezza del padre
hai la sapienza d'un saggio ed il fervore di un bimbo
hai la fede che spinge e tutto divora
hai la bellezza d'un principe che offre il suo regno
a chi accetta che il dono sia sempre più grande;
hai fame di giustizia e sete di pace
vuoi solo che il mondo conosca l'Amore.

Paolo, apostolo santo,
rinfranca il mio cuore nella via di Cristo.

San Paolo (2008), cm 34x51
Collezione privata

San Maurizio

Maurizio fu martire militare nel III secolo.
Era il comandante della Legione Tebana di stanza ad Agaunio nell'attuale regione vallese, tra le montagne della Svizzera.
I mille soldati dell'intera Legione provenivano dall'Oriente ed erano tutti cristiani, mentre l'imperatore romano del tempo, Massimiano, aveva in odio i cristiani. Purtroppo in quel periodo risiedeva poco lontano dai legionari, a Martigny, e pretese che si celebrasse un sacrificio agli dei affinché fossero propizi ai Romani nelle successive campagne militari contro i popoli ribelli della regione.
I legionari, sull'esempio del loro condottiero, si rifiutarono di rendere omaggio agli idoli, così come di massacrare la gente del posto per compiacere la crudeltà dell'imperatore.
Massimiano, furibondo per l'ammutinamento, minacciò di decimarli, ma i legionari deposero le proprie armi e si sottomisero docilmente al castigo. A questo punto l'imperatore mandò loro una delegazione perché desistessero dai loro intenti, ma i soldati cristiani, incoraggiati da Maurizio e da altri condottieri, rimasero coerenti alla propria fede e non recedettero dai propri propositi. L'ira del crudele imperatore si abbatté implacabile sui legionari che furono tutti passati a fil di spada.
Sul luogo dell'eccidio, già nel VI secolo, fu costruita una basilica che ne custodisse le reliquie.
Ovunque si considera Maurizio patrono del guerriero cristiano in cui risplendono valore e virtù, eroismo e fede.
Le reliquie del martire condottiero furono trasportate a Torino nel 1591 e deposte nella cappella della Sindone.
El Greco ritrae Maurizio con l'armatura di un cavaliere spagnolo del Cinquecento con il bellissimo volto ornato da una leggera barba scura.
Nella nostra icona, il santo veste l'armatura bizantina e sullo scudo è riportata la croce bianca in campo rosso come nella bandiera dello stato svizzero.

Temibile principe bellissimo eroe
infondi coraggio dai forza al soldato
conduci i tuoi prodi dall'Egitto alla Gallia
hai la Croce nel pugno hai Michele nel cuore
sei pronto a versare il tuo sangue d'eroe
per alzar lo stendardo del Cristo Signore.

San Maurizio, poni nelle nostre mani le armi di Cristo Gesù e vinceremo ogni timore.

San Maurizio (2005), cm 55x75
Collezione privata

Santi Cosma e Damiano

Questi due fratelli, definiti illustri atleti di Cristo e generosissimi martiri, hanno lo sguardo rapito in Gesù. Valenti professionisti, specialisti nella scienza medica, erano solerti con tutti i malati, ma in particolare con i più poveri ed abbandonati. Oltre ai corpi curavano le anime senza mai chiedere un compenso. Sono detti dalla tradizione «medici anargiri» (senza denaro). Cristiani in tempi di persecuzione, vissero all'inizio del IV secolo; furono più volte sottoposti al martirio e condannati a morte, ma sempre sopravvissero, in maniera miracolosa, per testimoniare la potenza divina e l'amore infinito che Gesù Cristo riservava a queste due specialissime persone. La loro fedeltà a Cristo convertì molti pagani ed il loro culto è diffuso in tutto il mondo. Anche noi amiamo e veneriamo questi fratelli che nessuna prova, nessun sacrificio, nessun martirio ha mai fatto tremare, ha mai fatto dubitare, ha mai fatto tradire la fede professata con decisione e dolcezza.
In questa icona, sono raffigurati con la croce dei martiri e con alcuni strumenti della pratica medica. Le loro figure trasmettono sicurezza, fermezza, rettitudine e piena ed assoluta certezza che Gesù è Via, Verità e Vita. Sono tranquillamente consapevoli che seguendo le orme e l'esempio di Cristo Signore si è sempre vivi, eternamente presenti ed operanti per la realizzazione del regno di Dio.
Per ogni afflizione morale e corporale affidiamoci alla loro intercessione così come essi si affidavano a Gesù affrontando persecuzioni, torture e condanne a morte con lo stesso sorriso, la stessa lode e la stessa cura con cui Gesù, Medico delle anime e dei corpi, si china sull'umanità afflitta, nonostante l'ingratitudine che ne riceve in cambio.

Siete passati a vergare la terra
siete venuti a ridare la gioia
avete sanato e molti cuor consolato
vi siete donati per amor di Gesù
e siete cresciuti ogni giorno di più.

Ovunque noi siamo, per certo sappiamo
che il corpo guarisce se si crede al vangelo,
se si alzano gli occhi ai due Cosma e Damiano
che segnaron la storia con la loro dottrina,
che affermavan con forza:
«Se il tuo cuore è ammalato confida in Gesù».

Santi Cosma e Damiano,
guarite i nostri cuori e i nostri pensieri.

Santi Cosma e Damiano (2007), cm 36x52
Collezione privata

Santi protettori d'Europa

Sei grandi figure di santi disposte attorno alla Madre di Dio del Segno; poiché nell'iconostasi i profeti sono disposti a destra e a sinistra di questa Madre di Dio, accogliamo e riconosciamo in questi santi un dono profetico per la Chiesa di Dio che è in Europa, per noi, ancora pellegrini sulla terra. Il venerato papa Giovanni Paolo II dichiarò compatroni d'Europa questi sei giganti della santità per aiutare i popoli del vecchio continente a riscoprire ed amare le radici cristiane che hanno vivificato la nostra civiltà.
Conoscendo questi santi, autentici discepoli di Cristo Signore, ci si sente onorati e fieri di essere posti sotto la loro tutela, ci si sente orgogliosi d'esser europei e cristiani.
Ognuno di loro è un magnifico rappresentante della profonda dottrina cristiana al nucleo della quale c'è il comandamento nuovo dell'amore che Gesù consegna ai suoi apostoli: «Vi do un comandamento nuovo: che vi amiate gli uni gli altri; come io vi ho amato, così amatevi anche voi gli uni gli altri. Da questo tutti sapranno che siete miei discepoli, se avrete amore gli uni per gli altri» (Gv 13,34-35). I santi patroni d'Europa hanno obbedito a questo comandamento ed hanno offerto alla Chiesa e al mondo un modello di mite e totale apertura alla grazia di Dio.
A sinistra in alto, contempliamo Benedetto da Norcia, patriarca del monachesimo occidentale.
Asceta, innamorato di Cristo, cercava la solitudine e il nascondimento per meglio raccogliersi nell'ascolto di Dio e prepararsi all'incontro con Lui. Ma lo Spirito del Signore ne illuminò e fece conoscere l'esempio al punto che egli si trovò presto attorniato da numerosi monaci, per i quali scrisse una Regola. Nel suo motto «Ora et labora» è sintetizzato il carisma che unisce in maniera mirabile preghiera e lavoro e che fece fiorire in Europa più di mille monasteri benedettini. Benedetto morì nella seconda metà del VI secolo.
Anche Caterina da Siena, a sinistra nell'icona, era pervasa fin da bambina da un mistico ed esclusivo amore per il Signore Gesù.
Era attirata dalla preghiera, dalla penitenza e dalla carità e fu accompagnata dallo Spirito Santo che la portò al cospetto degli umili e dei potenti della terra. Convinse papa Gregorio XI a riportare da Avignone a Roma la sede papale.
Dalla sua «cella interiore», nella quale si ritirava in meditazione, attingeva la luce divina e l'ispirazione per dettare a principi e re le regole

Santi e sante di Dio, pregate per noi:
invocate su di noi il dono dello Spirito,
che accresca il nostro coraggio per testimoniare il Vangelo di Cristo.

Santi protettori d'Europa (2005), cm 52x58
Collezione privata

per gestire il potere ed ai pastori della Chiesa gli ammonimenti per estirparne il malcostume e l'eresia.
Morì nel 1380 a soli trentatré anni come il suo sposo Gesù.
Al centro dell'icona, sono posti i fratelli Cirillo e Metodio nati a Tessalonica (l'attuale Salonicco in Grecia). Evangelizzarono i popoli slavi della Pannonia e della Moravia e tradussero in segni i complicati suoni della lingua slava, inventando per queste popolazioni un nuovo alfabeto poi detto Cirillico. Tradussero in slavo la Bibbia e i libri liturgici.
I due fratelli avevano indole e caratteri diversi: Cirillo, monaco, studioso e contemplativo, morì a Roma a quarantadue anni; Metodio, vescovo, dal carattere duro e dalla volontà di ferro, fu nominato legato pontificio presso gli slavi della Moravia. Vissero nel IX secolo.
A destra in alto vediamo Brigida di Svezia, un'altra donna straordinaria, contemporanea di Caterina da Siena. Fu madre di otto figli, tra cui splende la figura di santa Caterina di Svezia.
Andò pellegrina in molti santuari, con il marito che, dopo il ritorno da Santiago di Compostela, entrò tra i cistercensi. Dopo essere rimasta vedova, lasciò definitivamente la Svezia, peregrinò per l'Europa e si stabilì a Roma. Qui con l'aiuto della grazia che albergava in lei, continuò la sua opera in difesa della cristianità sempre sensibile ai problemi ed alle lotte che agitavano l'Europa. Morì a Roma nel 1373. Di lei ci restano le celebri Rivelazioni ricevute dal Crocifisso e una Regola per una comunità monastica di cenobiti, ancora oggi professata dalle suore appartenenti all'Ordine da lei fondato.
Edith Stein, posta a destra in basso, ci riporta ai tormentati conflitti della nostra difficile epoca: dalla persecuzione nazista degli Ebrei alle guerre bosniache, al terrorismo.
Nasce nel 1891 da una famiglia ebraica in Germania. La vita nello spirito espande la sua anima: studia, insegna, si attiva in favore della promozione sociale della donna e combatte contro la violazione dei diritti fondamentali della persona. La sua sete di conoscenza la porta a studiare la spiritualità dei grandi mistici cristiani e si converte al cristianesimo dopo la lettura delle opere di santa Teresa d'Avila. Entra in un Carmelo, dove riceve il nome di Teresa Benedetta della Croce. Non ripudia le sue radici ebraiche e, sentendo che durante la persecuzione nazista la croce di Cristo veniva calata sulle spalle del suo popolo, se ne fece carico fino alla morte nel campo di concentramento ad Auschwitz-Birkenau.

Santi protettori d'Europa (2005), particolare
Collezione privata

Sant'Agnese

Agnese è simbolo del pudore e della purezza. Il suo nome deriva dal greco *agne* (casta); in latino *agnus* significa agnello.
La santa della nostra icona è una adolescente che sa resistere alle insidie di un nobile romano ai tempi di Diocleziano tra il III e il IV secolo d.C.
Il bramoso giovanotto, respinto, denuncia Agnese come cristiana: perseguitata, viene obbligata a vivere in un postribolo. Qui nessuno osa minacciare la sua verginità finché un individuo particolarmente brutale e senza scrupoli le si avvicina per possederla, ma cade morto ai suoi piedi prima d'averla toccata.
Secondo la leggenda, il prefetto romano le promette che si convertirà al suo Dio se saprà ridare la vita al cadavere di quell'uomo. Agnese alza al cielo la sua preghiera ed ottiene il miracolo della risurrezione del morto davanti a molti testimoni che meravigliati esclamano: «Grande è il Dio di Agnese, onnipotente è il Dio dei cristiani!». Però il «male» non si arrende e c'è chi la accusa di essere una strega. Agnese subisce il martirio in testimonianza della fede nel Dio vivo vero. Non sappiamo quale forma di martirio subì, se fu decapitata o arsa viva. La tradizione la vuole sgozzata come un mite agnello con il sangue che sgorga a tingere di rosso la sua candida ed immacolata figura.
Il canone iconografico dei martiri non prevede altri simboli che la croce, ma nella nostra icona la giovane Agnese è raffigurata con un grazioso agnellino tra le braccia, in omaggio alla tradizione pittorica occidentale, per imparare «a respirare con i due polmoni» dell'Oriente e dell'Occidente cristiani. Con questa scelta, che ha il coraggio della diversità nella fedeltà, Agnese ci mostra il suo tesoro più prezioso: Gesù, l'Agnello immolato e immacolato!

Piccolo fiore azzurro
che non sfiorisci mai
né perdi fragranza;
la pioggia e la grandine
non t'hanno schiacciata,
né il vento furioso
mai più ti ha piegata.
Piccola Agnese,
la tua figura snella
e la tua vita bella,
i tuoi capelli biondi
ed i tuoi occhi verdi,
il tuo sacrificio enorme
e la tua vita santa,
tutto è scritto
sul libro eterno e grande...
ed ispira i versi
che il rimatore canta.

Sant'Agnese, sposa dell'Agnello, prega per noi,
purifica il nostro cuore e la nostra mente per custodire in noi Gesù.

Sant'Agnese (2007), cm 53x140
Cappella dell'Oratorio, Mozzanica (BG)

Sant'Omobono

Nelle numerosissime raffigurazioni che lo ritraggono, il nostro santo è circondato da poveri a cui elargisce monete lucenti.

In quest'icona la vistosa moneta offerta misericordiosamente ai bisognosi è sostituita dal pane, riallacciandosi così alla simbologia eucaristica dell'offerta di sé al mondo di Cristo Gesù.

Di pani fragranti è ricolma la cesta ai suoi piedi, mentre dal fianco pende la rigonfia borsa delle monete, frutto di un lavoro meticoloso e costante.

Il marrone del mantello ed il verde scuro delle vesti fanno riferimento al tenore di vita del santo che fu dedito alla preghiera ed alla penitenza e percorse una via di conversione, di sacrificio e di mortificazione.

Omobono visse nel XII secolo e fu mercante a Cremona. Divenne presto molto sensibile verso i bisogni materiali del prossimo, al quale elargiva generosamente i proventi della sua laboriosa attività. Fu altrettanto sensibile ai bisogni spirituali di chi era nell'afflizione, nel dubbio, nell'ignoranza e nell'infelicità; a costoro offriva assistenza morale e amorevole sostegno.

Nell'icona il gesto della mano sinistra evidenzia l'atteggiamento di totale accoglienza di chi tutto crede, tutto spera e tutto sopporta che fu tipico del nostro santo che diventerà patrono e protettore della città di Cremona.

La particolarità e la straordinarietà di quest'uomo consistono nel fatto che Omobono, pur esercitando una professione che lo faceva guadagnare ed arricchire materialmente, abbracciò il Vangelo e volle seguire la povertà di Gesù: infatti nell'icona non è rappresentata la cintura, che era un importante elemento dell'abito dei nobili, dei cavalieri, dei notai e dei ricchi mercanti. La borsa è lì, semplicemente attaccata al mantello perché la sobria laboriosità, la serietà e l'impegno di Omobono gli hanno sicuramente fruttato e procurato denaro, ma non lo hanno reso superbo e non lo hanno allontanato dal popolo dei poveri e dei beati secondo il Vangelo. Infatti Omobono era molto sensibile ai bisogni del prossimo e il suo spirito caritatevole lo induceva più a pratiche di sostegno agli altri che al profitto materiale. Egli amava frequentare la chiesa e partecipare alle funzioni sacre. Durante la santa messa in un giorno del 1197, inginocchiato davanti all'altare, durante il canto del *Gloria* allargò le braccia e la sua anima si congiunse a Gesù. Si spense così nel più desiderabile e auspicabile abbraccio.

Sant'Omobono, prega per noi,
rendici generosi e solidali con tutti, per amore di Gesù.

Sant'Omobono (2006), cm 65x158
Cappella del Seminario Vescovile, Cremona

San Francesco vero innamorato di Dio

Francesco (1182-1226), innamorato della Verità, innamorato di Gesù che l'ha testimoniata ed incarnata, cerca l'Altissimo, Onnipotente e «Bon Signore» attraverso la preghiera. Vuole stare a tu per tu con colui che lo delizia più di un amico, più di un'amante tenera e fedele.

Da giovane era stato soldato, partecipando alla guerra tra le città di Assisi e Perugia. Un anno di dura prigionia lo rese sensibile verso chi è nel bisogno e nel dolore. In un crescendo di vita ascetica e di doni ricevuti in preghiera dalla grazia divina, cerca il «deserto» e il colloquio con Gesù si fa sempre più intenso.

Rinuncia ad ogni bene terreno per sentirsi libero di elevare il suo spirito, perciò entra in conflitto con il padre, ricco mercante, molto legato ai possedimenti terreni, e lo abbandona per farsi eremita, per gustare in verità l'intima gioia di dire «Padre nostro» al Padre che sta nei cieli. Con la purezza e la coerenza delle sue scelte conquista il cuore di altri amici che lo seguono: con loro forma una confraternita di «poveri» predicatori del Vangelo. Quando raggiungono il numero di dodici, si recano a Roma da papa Innocenzo III, affinché approvi e sottoscriva questo stile di vita basato sul Vangelo e tutto affidato alla provvidenza misericordiosa del Padre. Francesco definisce sé e i suoi fratelli «Frati Minori».

In poco tempo, il numero dei suoi seguaci cresce enormemente e Francesco scrive la «Forma di Vita», fondata sull'osservanza del Vangelo del Signore nostro Gesù Cristo in obbedienza, povertà e castità.

L'icona raffigura Francesco all'età di quarantadue anni raccolto in preghiera sul monte de La Verna. In questo luogo, Gesù gli fa dono dell'ennesima grazia mistica: le sacre stimmate. È un dono che ci colma di timore riverente e di rattristato stupore, poiché noi siamo ben lontani da questi santi desideri e dobbiamo tanto crescere nella carità per essere pronti a farci trafiggere dall'Amore.

Francesco è salito sicuro sul monte della preghiera e Gesù lo ha abbracciato e lo ha reso simile a sé. Francesco è un santo unico, universale, che tutti commuove e affascina, che tutti invochiamo, che tutti esaudisce poiché nel suo cuore c'è l'amore e la passione che spinsero il nostro Salvatore a dare la vita per noi.

Con le braccia spalancate, egli riceve le stimmate e con esse una scintilla di quell'Amore che serve per offrirsi insieme a Gesù, sull'altare della croce. I suoi occhi sono rapiti in cielo, fissi al serafino alato che gli va incontro e che ha le sembianze del Crocifisso di san Damiano che

San Francesco, uomo cristianissimo, prega per noi,
rendici veri amanti di Dio e dei fratelli.

San Francesco vero innamorato di Dio (2005), cm 40x65
Collezione privata

quasi venti anni prima gli chiese: «Francesco, va' e ripara la mia casa!». Mani, piedi e costato sono visibilmente trafitti da raggi di straordinaria letizia e di immenso dolore. La veste, che Francesco voleva umile e del colore della terra, ora è quasi totalmente pervasa dall'azzurro del cielo per indicare che la «natura» del poverello d'Assisi si è quasi totalmente divinizzata.
Noi, con frate Leone, contempliamo ammirati e stupiti la «trasfigurazione» di Francesco. Frammenti di luce celeste lambiscono il compagno fedele del santo e noi stessi che, entrando nell'icona, saliamo sulle alte vette nel paesaggio dello sfondo e ci innalziamo verso il cielo di Dio. Il paesaggio è roccioso, impervio, poco accessibile al turista; la natura è incontaminata e l'incontro con Dio è facilitato dalla solitudine e dal silenzio. In basso a destra, una modesta costruzione indica l'eremo dove vivono i frati, mentre in alto una grotta è stata scelta e trasformata in piccola chiesa, dove Gesù possa essere nell'eucaristia ospite permanente di Francesco e dei suoi.

Francesco bel Francesco, umile ed appassionato,
nulla t'ha sedotto, le cose del mondo non ti son piaciute!
Le vesti hai lasciato ed il capo hai tonsurato,
sei sceso nei pertugi a pregare
percorrendo vie impervie e sconosciute.
Io vorrei sapere di che natura è il fuoco che ti arde nel petto
ed ancor mi sto chiedendo come si fa a rimanere saldi
se tutti ti emarginano e discriminandoti ti ritengon matto.
Come facevi nei gelidi inverni a mantenere il cuore
ed i piedi nudi caldi?
Come cresce alto il cipresso lungo il cimitero,
come si espande il cardo nel piccolo orticello,
qual è la natura tua Francesco, qual è il mistero
di te che allo scettro del re hai preferito il saio
dell'umile fraticello?
Francesco, frate santo, più ti conosco e più mi commuovo
immaginandoti venire solitario, determinato e vero
per bussare alla mia porta ad offrirmi un cuore nuovo
a chiedermi se finalmente sono pronto a percorrere il sentiero,
che porta molto in alto,
che porta a riconoscer l'altro come uomo.

San Francesco vero innamorato di Dio (2005), particolare
Collezione privata

San Francesco e santa Chiara

Il sole e la luna, il Padre e la Madre, Cristo e la sua Chiesa...
Francesco (1182-1226) e Chiara (1193-1253), in piedi, ci vengono incontro. Sono raccolti: armoniosi e concentrati, silenti e miti, eppure forti. Comunicano tra loro come lo sposo e la sposa: la loro misteriosa e feconda nuzialità si consuma in Cristo.
Francesco alza la mano destra e benedice tutti noi con le stesse parole con cui salutò frate Leone: «Il Signore ti benedica e ti custodisca» (FF 262).
Chiara lo guarda con intensità e intanto custodisce nelle mani all'altezza e al posto del cuore l'Ostensorio dove c'è Colui che l'ha resa veramente felice, Gesù, il Santo di Dio che ha liberato lei e le sorelle dai predoni saraceni e che ha riversato nel suo cuore umile una misura scossa, pigiata e traboccante di amore e di pace.
Francesco regge il libro della Regola, nella quale raccomanda ai suoi frati di vivere secondo il Vangelo in perfetta letizia, nella povertà, nell'obbedienza e nella castità.
Il cingolo che stringe i loro fianchi è il simbolo dell'esodo pasquale che hanno compiuto attraverso la dolce penitenza e l'amata conversione per giungere a Cristo Gesù.
Le loro tuniche sono semplici sai di iuta grezza. La veste di Francesco è verdognola come la montagna di sorella Chiara e, in un gioco di complementarietà, il saio della santa è caldo come la montagna del fondatore.
I loro piedi sono nudi. Francesco si protende leggermente in avanti per obbedire allo Spirito che gli chiede di «servire a tutti e di amministrare a tutti le fragranti parole del mio Signore» (FF 180). Chiara è riservata e raccolta, quasi reclusa in sé; simile ad un'antica vestale, alimenta il fuoco del cuore con la preghiera incessante.
Dentro i ruvidi sacchi che li coprono, i loro corpi sono laceri e piagati come il santo corpo del Cristo deposto dalla Croce. Francesco ha mani, piedi e costato trafitti; il capo tonsurato.
Nei loro sguardi è perfetta Letizia, perché i loro cuori sono fusi col cuore di Gesù: cuori che pulsano e lodano, pregano e cantano. Francesco ha imitato il suo Signore e si è identificato in Lui. Chiara, imitando Francesco, ha amato Gesù fino a fonderlo nelle proprie membra macerate nella penitenza e nel digiuno. Due colonne su cui la Chiesa si erge possente e santa.

Chiara, sorella del mattino, ridesta in noi la vita di Cristo.
Francesco, araldo del gran Re, fa' che sempre lodiamo Dio,
con tutte le sue creature.

San Francesco e Santa Chiara (2004), cm 45x45
Eremo di San Michele, Tremosine (BS)

San Carlo Borromeo

Carlo Borromeo (1538-1584) veste i paramenti vescovili, segni visibili della sua missione a servizio della Chiesa.
A soli ventidue anni è chiamato a Roma e nominato cardinale e alla giovane età di venticinque anni viene eletto arcivescovo della vastissima arcidiocesi di Milano.
Nella tavola che vediamo, regge un libro aperto dove si leggono le brevi parole che svelano il suo segreto di vita: «Il pane che io darò è la mia carne, per la vita del mondo» (Gv 6,51).
La posizione del santo non è statica, nel rigido rispetto dei canoni dell'iconografia classica.
In questa icona, il santo cammina appoggiandosi al pastorale: visita instancabile ogni terra della vasta diocesi milanese che abbraccia quasi tutta l'Italia settentrionale e parte della Svizzera.
Nelle sue visite pastorali, vuole riaccendere la luce dello Spirito nelle parrocchie e nei conventi, vuole riportare ordine e disciplina nella Chiesa, vuole essere presente in prima persona per rinsaldare la fede, per ispirare opere di assistenza e di carità, per confermare chi lotta per il Vangelo, per estirpare ogni negligenza e malcostume.
Carlo Borromeo si contrappone ai potenti e spesso dissoluti nobili che vorrebbero cancellare la legge dello Spirito per sostituirla con le ragioni della carne e della spada.
Fonda nuove Opere pie, Istituti benefici e Confraternite religiose.
Neppure quando la salute cede, ritiene che sia il caso di rallentare la sua attività apostolica. Nonostante la febbre salga, Carlo Borromeo continua le sue visite pastorali; anzi, vedendo tanto lavoro davanti a sé, rinuncia al sonno e al cibo, intensifica la preghiera perché Dio lo sostenga quale maestro della dottrina cattolica ed instancabile guida del suo gregge.
«Humilitas» è il suo motto e rivela l'altra faccia di quest'uomo d'azione: umiltà, ascolto, obbedienza, servizio alla Chiesa fino al dono totale di sé perché il mondo viva, perché le sue pecore passino attraverso la Porta, perché le anime che gli sono state affidate non periscano.
Muore a quarantasei anni, dopo aver offerto tutta la sua vita, dopo aver donato ogni sua energia nel grande lavoro che con entusiasmo ha voluto svolgere nel vasto campo del suo Signore.

Con rigore ristabilisti le leggi che il buon Dio dal cielo ci ha dato
da ogni dove radunasti le greggi che il nemico avea bersagliato.

San Carlo, umile e forte mantienici sulle vie del Signore fino alla morte.

San Carlo Borromeo (2006), cm 65x158
Cappella del Seminario Vescovile, Cremona

San Luigi Gonzaga

Questa icona di san Luigi Gonzaga (1568-1591) offre al nostro sguardo il viso ricco e profondo del giovane principe innamorato di Gesù e del suo Vangelo. Nel suo volto scrutiamo i lineamenti scritti dalla vita interiore che lo anima. La sapienza del tempo ha fatto della sua breve esistenza un capolavoro dello Spirito, un giardino provvido e soave, dove Dio è l'Ospite sempre gradito e atteso, dove ogni uomo è accolto nel Nome di Gesù.

Appena nato, la madre offre segretamente a Dio il figlio primogenito e, nei primi anni di vita, il piccolo Luigi riceve da lei il prezioso tesoro della fede in Cristo e la tenera devozione alla vergine Maria.

Il padre, capitano d'armi, vorrebbe per suo figlio la corona di regnante, ma Luigi aspira alla corona di spine del Signore Gesù e lotterà con assoluta fermezza per ottenerla.

Potere, onori, fama, prestigio sono le mete a cui suo padre, con ostinazione e con ogni mezzo vorrebbe pervenisse, ma gli occhi di Luigi sono chiari e la sua mente è aperta: vede che tutto ciò che non sa di eterno è vano; egli brama l'Infinito. Prega, medita, digiuna, si fa carico dei peccati della sua famiglia e della sofferenza del mondo. Vuole abbracciare Gesù ed affronterà ogni ostacolo per realizzare la vocazione che il Signore suscita in lui, quella di diventare gesuita.

Il giovane nobile è consapevole di godere i privilegi della sua condizione sociale e sente ciò come una grande ingiustizia che gli procura dolore. Ma, nella Compagnia di Gesù, non si fanno differenze di classe, non c'è posto per l'ambizione e per la carriera e il Vangelo è testimoniato prima che predicato.

Lo sfarzo, l'apparenza, i primi posti della società, la ricchezza e il possesso delle terre, gli intrighi e i compromessi pur di affermare se stessi... tutto è vanità. «Le ceneri del ricco sono uguali a quelle del povero; forse sono solo un po' più puzzolenti» ecco quale era il pensiero di Luigi.

Quando finalmente entra nel collegio dei Gesuiti a Roma, la sua straordinaria spiritualità e la sua condotta morale colpiscono compagni e superiori fino al punto da essere indicato e preso come esempio. Papa Sisto V lo riceve in Vaticano e lo benedice, commosso, tra l'ammirazione degli alti dignitari della Curia.

In seguito ad una grande carestia, una devastante epidemia scoppia con inaudita virulenza: è la peste del 1591 che nella sola Roma miete cinquantamila vittime. I Gesuiti allestiscono un ospedale presso la Curia

San Luigi, prega per noi: la purezza della tua giovane vita profumi le nostre case.

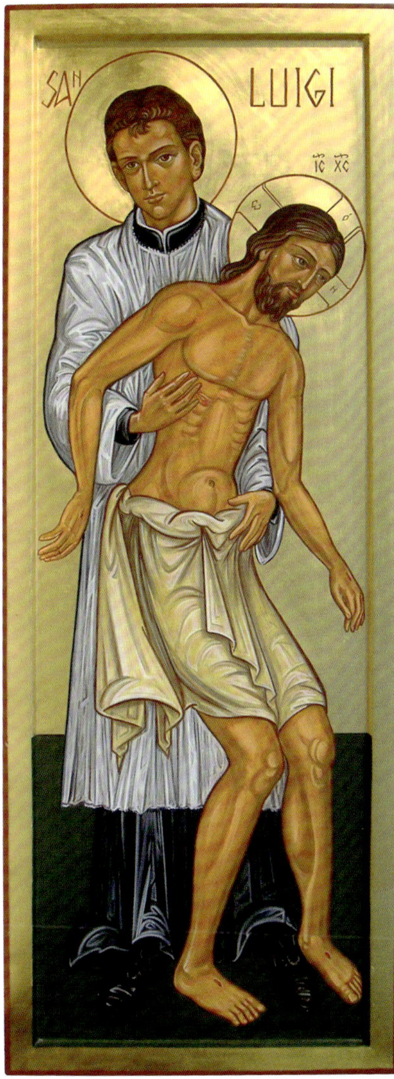

San Luigi Gonzaga (2007), cm 52x140
Cappella dell'Oratorio, Mozzanica (BG)

della Compagnia, ma non è sufficiente ad ospitare gli appestati che si moltiplicano di giorno in giorno. Luigi presta soccorso nell'ospedale della Consolazione. Spesso chiede viveri e sostentamenti al fratello Rodolfo e si prodiga nella cura dei malati senza riserve.
Una notte, mentre si reca all'ospedale, inciampa in un appestato. Già stanco per il lavoro svolto nella giornata, si carica l'agonizzante sulle spalle, immaginando di soccorrere Gesù in persona. In seguito a questo fatto morirà di peste a ventitré anni.
L'eroico gesto che corona la sua vita santa è raffigurato con semplicità in questa icona: con le sue braccia, Luigi regge con delicata premura il corpo di Gesù, poiché nel malato che ha soccorso ha riconosciuto i lineamenti del Redentore.

È finita la messa
ed esci fuori nel sole,
guardi la chiesa
e la sua grande mole.
Suonano le campane,
sparano i cannoni,
volano le colombe
e ci si dà spintoni.
I bambini giocano
con i sassi e le figurine:
arriverà la giostra
con i cavalli di legno
e le bandierine.
Sul sagrato gli uomini
parlano e son vestiti a festa;
tu, Luigi, sorridi e pensi
alla tua mamma onesta;
pensi a tuo padre
ed alle sue eroiche gesta,
pensi a Gesù
che ti chiamava in chiesa,
che t'ha sorriso
e ti è rimasto accanto;
pensi a quel povero
sulla porta grande
ed al suo volto triste
che t'ha straziato il cuore
e procurato il pianto;
pensi alle giostre
ed alle eroiche gesta,
ma è vanità che scorre
ed il tormento resta.
Tu vuoi servire,
ogni ferita lenire,
vuoi sollevar da terra
chi non ce la fa più,
vuoi aiutare il prossimo,
vuoi compiacer Gesù.
E la passione
per la guerra ed il canto
in te si spegne
e si dissolve al vento.
Ci sarà la giostra
con i giocolieri:
tu fai penitenza,
non dormi,
digiuni e preghi
mentre guardi i cavalli di legno
che giran tutti in tondo,
abbracci i piedi di Gesù crocifisso
e lentamente
ti stacchi dal mondo.

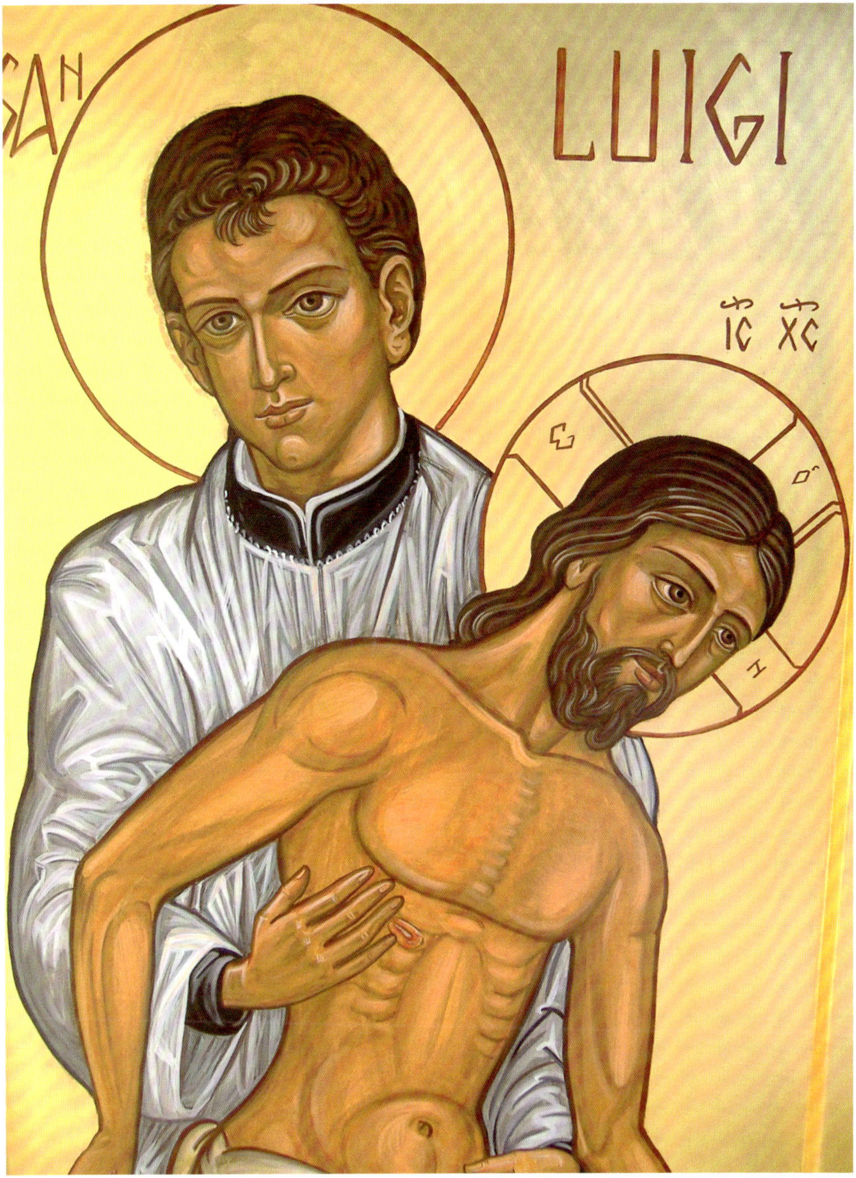

San Luigi Gonzaga (2007), particolare
Cappella dell'Oratorio, Mozzanica (BG)

Santi Martiri d'Otranto

Nei primi giorni d'agosto del 1480 i Turchi assediano e conquistano la città di Otranto.
San Francesco di Paola, alcuni mesi prima, aveva avuto la visione dell'orribile massacro e ripetutamente aveva richiamato dalla Toscana il Re di Napoli con il suo esercito per difendere le regioni del Sud minacciate dai Musulmani, ma non fu ascoltato.
Nonostante la valorosa difesa degli Idruntini, i Turchi riuscirono a penetrare in città, massacrarono i difensori e violentarono le donne. Dopo tre giorni di crudeltà e violenze, a gruppi di cinquanta, incatenati e seminudi, portarono i circa ottocento uomini superstiti sul colle della Minerva. Qui fu chiesto loro di abiurare la fede cristiana per aver salva la vita, ma essi, guidati da un cimatore di panni di nome Antonio Pezzulla, scelsero di testimoniare la propria fedeltà a Gesù e furono decapitati. Antonio perì per primo e venne quindi detto Primaldo. Le cronache raccontano che il suo corpo rimase in piedi fino all'esecuzione dell'ultimo concittadino. Profondamente scosso, il carnefice si convertì al cristianesimo e fu impalato poco distante.
Le navi dei Turchi erano centocinquanta, ma ne sono state rappresentate tre; ugualmente, gli invasori sulle navi erano diciottomila e qui ne appaiono disegnati tre poiché il tre è uno dei numeri che rappresenta la totalità. Così, le donne che piangono i loro uomini sono tre, tre i gruppi di martiri, tre le teste decapitate.
In alto, Gesù benedice i suoi testimoni con le corone del trionfo; queste corone di eterna vita vengono distribuite da un angelo. Al centro dell'icona, vediamo un altro angelo che porta in cielo l'anima di Primaldo la cui testa decapitata è rappresentata con gli occhi aperti per indicare che egli rimaneva presente per confortare sia i compagni di martirio sia le donne piangenti.
I martiri, nonostante stiano perdendo la vita, hanno il volto sereno e lieto poiché sono consapevoli che non periranno in eterno: il martirio procurerà loro una vita eterna e beata dinanzi al Volto di Dio.
La loro presenza è ben viva nel santuario dove è posta l'icona, continuamente richiamata dalla supplica e dalla devozione dei fedeli.
Tutto ciò accade perché l'icona non è un quadro qualsiasi, ma è una finestra che si apre sull'orizzonte di Dio e che immerge la nostra vita nella potenza dello Spirito per renderla bella, buona e beata, per iniziare ad edificare in noi la dimora dell'unico e trino Signore.

Signore Gesù, attiraci a Te.

Santi Martiri d'Otranto (2008), cm 200x300
Santuario della Madonna dell'Accoglienza, Mendicino (CS)

Santa Maria Crocifissa di Rosa

Questa icona è stata scritta in funzione del Crocifisso posto al centro dell'abside della Chiesa dell'Oasi Sant'Antonio.
Maria Crocifissa (1813-1855) è in atteggiamento di preghiera e regge un cartiglio che sintetizza il suo rapporto con il suo Signore e Maestro, conforto e guida, sapienza, luce e verità. Gesù è la fiamma che alimenta il fuoco d'amore che arde nei nostri cuori, ma sopratutto è l'amico, il soccorritore, il medico delle nostre ferite.
Maria Crocifissa ha dato a Gesù il cuore, il corpo e l'anima; per Lui brucia d'amore.
La nostra santa appartiene alla schiera di testimoni e alla vastissima comunità di fedeli raccolti nell'unica grande Chiesa di Cristo, rappresentata sullo sfondo dell'icona, rifugio di ogni viandante che incappa nell'odio, nell'emarginazione, nella sopraffazione altrui, nella violenza e nel suo stesso egoismo.
Come una madre buona è affidabile per i suoi figli, così anche la Chiesa è sempre accanto a coloro che vengono perseguitati, feriti e crocifissi da un mondo che pone al di sopra di ogni ideale il potere, la ricchezza e l'apparire.
La santa si erge alta e sicura come un punto di riferimento per il viandante che vuole riposare e riprendere forza per il viaggio della vita. Ai suoi piedi fiorisce il mirto che, come dice il profeta Isaia (55,13), crescerà al posto delle ortiche «a gloria del Signore», che è l'indiscusso Sovrano dell'Universo.
«L'opera della Carità compiuta da santa Maria Crocifissa trova fondamento ispirato nella sequela di Gesù buon samaritano che si china sui dolori del mondo e li cura con l'olio della compassione e il vino della speranza» (Suore Ancelle della Carità). Per questa ragione nell'icona, in basso a destra, vediamo Gesù chino su un uomo ferito.

Santa Maria crocifissa
a te noi ci rivolgiamo:
fa' che nei nostri giardini
cresca l'issopo dell'umiltà,
il giglio della purezza
e il mirto della santità;
nei nostri campi cresca
il girasole della devozione,
la vite della benedizione
e il grano della rigenerazione;
ai bordi della strada
che percorriamo
il fico della fertilità,
la palma della vittoria
e il cipresso
simbolo di vita eterna.

Santa Maria Crocifissa, prega per noi: accendi in noi la fiamma del tuo amore per Cristo.

Santa Maria Crocifissa di Rosa (2007), cm 60x150
Chiesa dell'Oasi Sant'Antonio, Brescia

Beato Innocenzo da Berzo

In questa icona vediamo un frate cappuccino, rivestito di un rudimentale saio che termina con un semplice cappuccio. Egli ha un fisico minuscolo, immateriale, dentro un abito che sembra grosso e vuoto, eppure nel volto e nello sguardo di questo figlio di san Francesco si leggono tutte le virtù cristiane.

Questa preziosa immagine rappresenta Innocenzo da Berzo (1844-1890). Il suo saio è vecchio, sgualcito, consunto e svela un'umiltà talmente alta da presentarsi più come fallimento che come virtù. Il capo di questo frate era sempre chino, quasi sprofondato nelle spalle, la bocca sempre volta ad un leggero sorriso: egli era attento alla Presenza del Signore che lo abitava. Innocenzo, sacerdote, chiedeva perdono in ginocchio a chi veniva a confessarsi da lui e anche se rivestiva cariche importanti non comandava mai, ma al più sussurrava qualche consiglio. Non teneva mai nulla per sé, ma donava tutto al prossimo, suscitando lo sconcerto di chi gli viveva accanto. Nei suoi occhi e nella sua umile figura, nella gentilezza dei suoi gesti, chiunque vedeva la presenza in terra di un frammento di Cielo. Nel suo sguardo profondo e pacificato ogni dubbio svanisce, ogni fatica riposa, ogni sete si placa. Il beato ci guarda con amore e pone in noi ogni benedizione; sorregge un cartiglio con le parole che sintetizzano la sua avventura cristiana: «Beata carità, beata obbedienza». Percorrendo la via evangelica della carità e dell'obbedienza, fra Innocenzo ha conosciuto il grande amore del Padre per noi ed ha assaporato il grande dolore provocato dal nostro peccato. Con la preghiera e la penitenza, egli è giunto nella Gerusalemme celeste, dove regna perfetta letizia e risplende la luce divina rappresentata dall'oro nello sfondo.

La lettera Tau, tanto cara a san Francesco, è scritta anche in questa icona e indica che nelle anime elette, o in chi ha raggiunto la santità, l'asse orizzontale, cioè la dimensione terrestre della caducità, della consunzione, della morte e del dolore, è salito alla sommità dell'asse verticale simbolo di spiritualità e di salvezza eterna. Il dolore per fra Innocenzo, così come per frate Francesco, è via sicura alla perfetta e vera gioia. Ogni umile elemento che lo circonda ha sentore di eterno. La corda che cinge i fianchi del frate ci ricorda l'assiduo impegno a camminare nella via della conversione ed il rosario che vi è appeso è simbolo dell'amore incondizionato per Maria e della incessante preghiera che ritma il respiro del beato.

Beato Innocenzo, la tua intercessione e i tuoi meriti ci aiutino a vivere l'umile carità e la santa obbedienza.

Beato Innocenzo da Berzo (2007), cm 41x60
Santuario della Santissima Annunciata, Cogno (BS)

Beata Alexandrina Maria da Costa

Il pannello esterno dell'icona, con il bordo superiore «a cupola», rammenta la custodia del tabernacolo e il grande fervore di Alexandrina per l'Eucaristia. L'icona rappresenta al centro la beata Alexandrina (1904-1955) immersa nella luce divina che nell'iconografia viene resa con l'oro zecchino. I lineamenti del volto non sono la riproduzione fotografica del viso della beata, ma i suoi tratti somatici sono scritti secondo i canoni iconografici che ricercano il nucleo spirituale della persona, la verità eterna di un volto voluto da Dio a sua immagine e somiglianza. La forma umana viene sottoposta ad un sistema geometrico, ritmico e cromatico che suggerisce l'essenza spirituale e divina di chi è entrato nella luce eterna. Lo sguardo di Alexandrina è sereno e sorridente, ma ugualmente compreso e rivolto verso l'orante. Un lieve sorriso le nasconde e svela il suo segreto: Gesù esortava ed aiutava Alexandrina a sorridere nel dolore, ad accettare con gioia ogni prova e sofferenza.

La beata Alexandrina è intimamente unita alla croce di Cristo: con lui crocifissa. L'amore per la passione di Cristo, che vivrà misticamente in modo sempre più intenso soffrendo i dolori dell'agonia, della coronazione di spine, della flagellazione, della morte in croce, la porta ad una crescente sete di anime. Aumenta in lei il desiderio di soffrire e di amare in unione con la redenzione operata da Gesù. Anche la sua veste si trasforma e si trasfigura; in origine è di colore verde per sottolineare l'umanità di Alexandrina, ma poi si tramuta in rossa, segno della potenza dell'Amore di Dio che accende il suo cuore fino al desiderio del martirio. Alexandrina partecipa alle sofferenze di Cristo e riceve persino le stimmate, che rimarranno sempre invisibili, ma dolorosissime.

Nella mano sinistra tiene un cartiglio con due scritte: «Completa nella mia carne la tua passione», per la redenzione del mondo e per cooperare alla salvezza delle anime, con una predilezione per le anime dei giovani e dei consacrati; l'altro motto scritto sul cartiglio è la sintesi del suo programma di vita: «Amare, soffrire, riparare».

Nella mano destra tiene la corona del rosario: è il suo invito a mantenerci in un costante colloquio con la Madre celeste. «Venne Mammina... Mi accarezzò, avvolse attorno alle mie mani il rosario che pendeva dalle sue...».

Ai lati del capo della beata sono scritti: alla sua sinistra l'arcangelo Gabriele che porge ad Alexandrina l'Ostia, che è segno della missione di Alexandrina presso i tabernacoli e del fatto che per tredici anni visse

Signore Gesù, nostro dolcissimo Salvatore,
alla tua Luce vediamo la luce.

Beata Alexandrina Maria da Costa (2007), cm 105x61
Chiesa Santa Eulalia, Balasar (Portogallo)

nutrendosi unicamente dell'Eucaristia. Quando il sacerdote era assente, un angelo di Dio le portava la Comunione. L'unione con Cristo la associa alla missione redentiva che Egli ha compiuto sulla terra.
Ad Alexandrina Gesù affidò la richiesta della Comunione nei primi giovedì di sei mesi consecutivi in onore della santissima Eucaristia, adorando in essa la sua perenne presenza e contemplando contemporaneamente il suo perenne sacrificio. Alla destra del capo di Alexandrina, l'arcangelo Michele le porge il Calice dell'Eucaristia, segno del Sangue che riceveva da Gesù per confermare la sua partecipazione alla passione del Signore e per sostenerla nella sequela dell'Agnello.
Nelle ante laterali, vediamo le icone di Gesù e di Maria. Il segreto del sorriso di Alexandrina è racchiuso e custodito nella sua sconfinata fiducia in Maria Santissima e in Gesù Eucaristia. Alla sua sinistra c'è Gesù risorto con i segni gloriosi della sua passione redentrice. Egli indossa una tunica di colore rosso scuro ad indicare la sua umanità; è una tinta imparentata con il mistero della morte ormai definitivamente sconfitta dal Signore risorto. L'ampio mantello è di colore blu ad indicare la vita divina di Cristo: Gesù è il vincitore della morte.
La mano destra è alzata nel segno della benedizione, la posizione delle dita forma il nome di Cristo secondo gli antichi canoni iconografici, mentre la sinistra è posta sul suo cuore da dove partono raggi luminosi diretti verso Alexandrina; bianchi e dorati per indicare lo splendore dell'Eterno. Accanto all'aureola di Cristo ci sono le abbreviazioni IC XC, che significano Gesù Cristo, e all'interno dell'aureola, sui bracci della croce leggiamo O ΩN (Colui che è). Il suo sguardo è rivolto verso di noi invitandoci ad entrare nella dimensione eterna.
A destra, c'è l'icona della Madre di Dio, che tiene tra le mani il velo della protezione come segno della richiesta della consacrazione del mondo al Cuore Immacolato di Maria. Tre stelle d'oro indicano la sua verginità prima, durante e dopo il parto.
Le lettere greche scritte ai lati dell'aureola (MP ΘY) sono le abbreviazioni di «Madre di Dio».
La Madonna, che le appariva visibilmente il primo sabato di ogni mese, aveva donato ad Alexandrina il suo sorriso: dalla bellezza e dalla dolcezza di quel sorriso, la beata trasse la forza per sostenere le sofferenze del corpo e dell'anima e soprattutto per nasconderle, come era desiderio di Gesù.

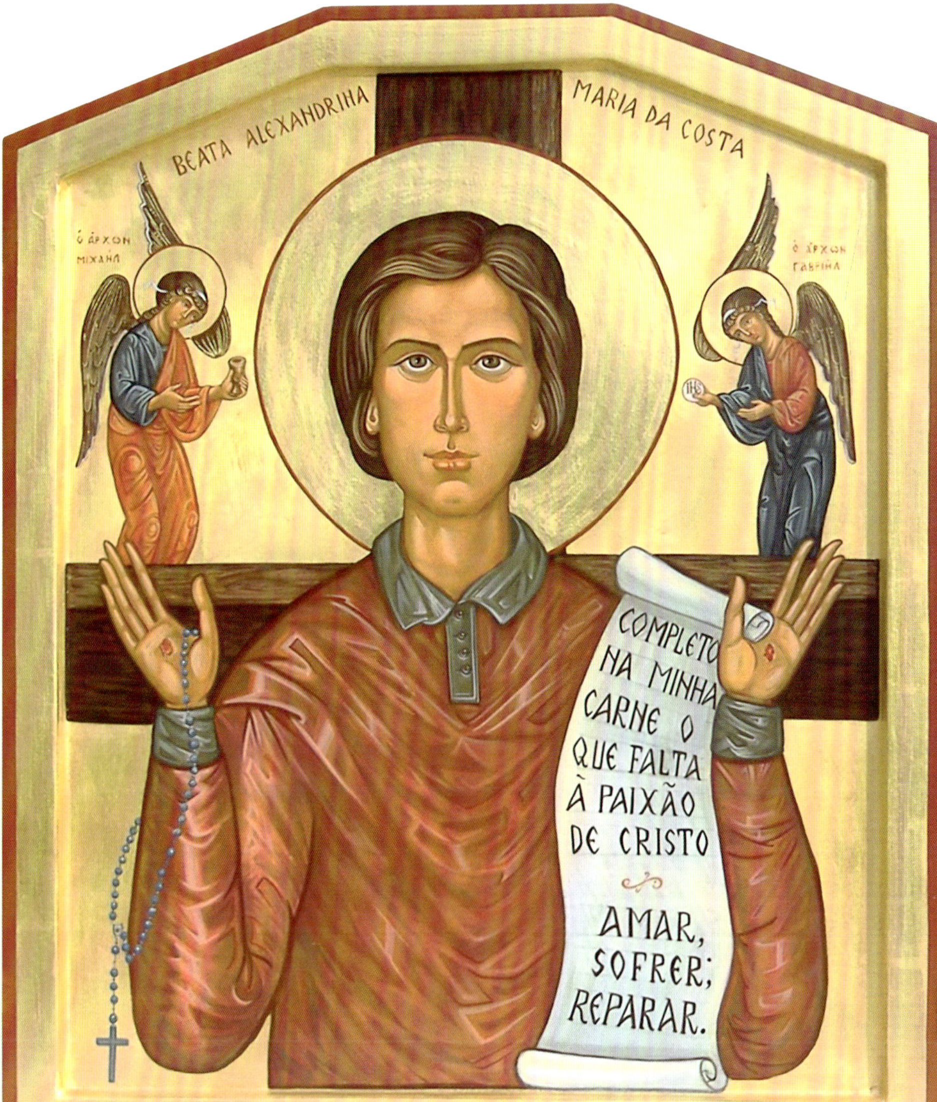

Beata Alexandrina Maria da Costa (2007), particolare
Chiesa Santa Eulalia, Balasar (Portogallo)

Santi e beati del XX secolo

In questa icona sono rappresentati una ventina di santi, beati e servi di Dio del XX secolo.
In alto, siede Cristo Gesù nella gloria celeste, circondato dagli angeli, con i simboli dei quattro evangelisti ai quattro lati: tiene il Vangelo aperto sulla frase: «Io sono la vite, voi i tralci» (Gv 15,5). Questi «tralci» sono i suoi testimoni e vengono verso di noi con quell'atteggiamento di rispetto e reverenza che li ha caratterizzati sulla terra. Molti hanno in mano la corona del rosario, azzurra perché rappresenta un frammento di cielo nelle loro mani. Quelli di loro che hanno l'aureola d'oro sono stati dichiarati santi dalla Chiesa, mentre i beati hanno solo un cerchio che indica la pienezza della loro vita cristiana. I servi di Dio sono nella fascia bassa della piramide la cui sommità è il Cristo.
In alto, a sinistra, san Gaetano Catanoso (1879-1963) di Reggio Calabria, guida illuminata delle anime, fondò la congregazione delle Suore Veroniche del Volto Santo.
Il beato Alojzije Stepinac (1898-1960), arcivescovo di Zagabria (Croazia ex Jugoslavia), durante la seconda guerra mondiale fu strenuo avversario del nazifascismo e salvò numerose famiglie di ebrei e di zingari. San Massimiliano Maria Kolbe (1894-1941), francescano, è nell'elenco dei santi con il titolo di sacerdote e martire; per questo è rappresentato con la croce. Deportato ad Auschwitz offrì la sua vita in cambio di quella di un padre di famiglia.
Il beato Alfredo Ildefonso Schuster (1880-1954), arcivescovo di Milano, sosteneva che le prediche non servono quanto gli esempi di vita vissuta santamente. Per lui un esempio di vita santa fu quella di don Orione e ce lo indica poggiando la sua mano sul santo sacerdote.
San Luigi Orione (1872-1940) seguì le orme di don Bosco: aprì oratori, raccolse i giovani e fondò il «Piccolo Cottolengo» al servizio dei più poveri e dei malati.
San Pio da Pietrelcina (1887-1968), cappuccino stimmatizzato, operò con assiduità per il bene delle anime vivendo in preghiera e penitenza. Fece edificare l'ospedale «Casa Sollievo della Sofferenza».
Santa Faustina Kowalska (1905-1938) è l'apostola della Divina Misericordia, richiama i cristiani all'impegno di usare misericordia sull'esempio del Signore.
Santa Teresa Benedetta della Croce (1891-1942), monaca carmelitana, ebrea, nata in Germania, si convertì al cristianesimo e fu vittima sacrificale nel campo di concentramento di Auschwitz.

Santi amici di Dio, teneteci per mano
sulla strada che porta in cielo.

Santi e beati del XX secolo (2007), cm 200x300
Santuario della Madonna dell'Accoglienza, Mendicino (CS)

San Daniele Comboni (1831-1881), missionario in Africa, fondò la congregazione dei Missionari del Sacro Cuore (Comboniani) presenti ora in tutti i continenti. Il libro che ha in mano è il «Piano di rigenerazione dell'Africa». Il suo motto era: «Costruire l'Africa con gli africani».
La beata Teresa di Calcutta (1910-1997) è l'apostola dei poveri, missionaria della Carità.
San Josemaría Escrivà (1902-1975) è il fondatore dell'Opus Dei che invita tutti i battezzati – laici, religiosi e sacerdoti – a santificarsi attraverso il lavoro quotidiano, svolgendo le mansioni affidate a ciascuno.
Il beato Bartolo Longo (1841-1926), appassionato ed energico, divulgò la pratica del santo rosario e per questo motivo venne costruito il Santuario di Pompei; promosse iniziative educative e caritatevoli.
Sant'Annibale di Francia (1851-1927) ha sempre pregato per le vocazioni. È riconosciuto come l'apostolo della preghiera e come il padre dei poveri e degli orfani, per i quali istituì gli orfanotrofi Antoniani diffusi in tutto il mondo.
Il beato Piergiorgio Frassati (1901-1925) si laureò in ingegneria e si dedicò con grande passione alle opere assistenziali dei meno fortunati. Il suo motto era: «Verso l'Alto». Morì di polmonite a ventiquattro anni.
Santa Gianna Beretta Molla (1922-1962), medico ed animatrice della gioventù cattolica femminile, portò a termine la quarta gravidanza offrendo la propria vita per non perdere la sua creatura.
Il beato Giovanni XXIII (1881-1963) avviò il Concilio Vaticano II e fu definito il «Papa buono». Anch'egli era appassionato di Maria ed auspicava che in ogni famiglia si recitasse il rosario quotidianamente.
Santa Giuseppina Bakhita (1869-1947) nacque in Sudan. Venne fatta schiava già da piccola; subì violenze e frustrazioni finché un console italiano la comprò e la portò con sé a Genova: qui fece la bambinaia e chiese il battesimo; entrò poi nelle Canossiane.
I beati Francisco (1908-1919), Jacinta (1910-1920) e Lucia (1907-2005), serva di Dio, sono i piccoli veggenti di Fatima. Dopo aver avuto le apparizioni della Vergine, Francisco e Jacinta sono saliti in cielo, dove hanno aspettato di essere raggiunti dalla cugina Lucia che si è fatta suora carmelitana ed è stata depositaria del terzo segreto di Fatima. Ai piedi della piramide dei santi e dei beati troviamo i servi di Dio Arcangela Filippelli (1853-1869), uccisa per aver voluto conservare la propria purezza, e fra Raffaele Filippelli francescano (1862-1944), uno dei fondatori del Santuario che accoglie questa icona a Mendicino (CS).

Santi e beati del XX secolo (2007), particolare
Santuario della Madonna dell'Accoglienza, Mendicino (CS)

Gesù Cristo, Cuore del mondo e Signore di misericordia

In questa icona sono raffigurati quattro episodi che nella Sacra Bibbia raccontano della misericordia divina e sono stati disposti attorno al Signore nostro Gesù Cristo che, seduto in trono nella gloria dei cieli, regge un libro aperto sulla frase: «Va' e annunzia la misericordia usata a te» (Mc 5,19).

In alto, Caino, dopo aver ucciso Abele suo fratello, riceve un segno dal Signore per tutelare la sua persona e la sua vita (Gn 4,15). Adamo ed Eva, padre e madre di Caino, rivestiti di pelli, assistono alla scena commossi e compiaciuti. Il messaggio che Dio ci offre in questo episodio è: «Non giudicate per non essere giudicati» (Lc 6,37). Dio ha cura di tutti i suoi figli, anche di quelli che noi giudichiamo peggiori, indegni persino di vivere perché sembra non si sentano mai in colpa per i misfatti compiuti: il mistero della divina misericordia li raggiunge – come non sappiamo – ed offre loro anche maggior tempo e opportunità di redenzione.

Nella parte inferiore dell'icona, la misericordia di Dio si fa perdono: «Io perdonerò la loro iniquità e non ricorderò più il loro peccato» (Ger 31,34). Il popolo d'Israele, che era andato in esilio fra le genti profanando e disonorando il nome di Dio, viene radunato dal Signore nella città di Gerusalemme che si vede a sinistra: «Abiterete sulla terra che io diedi ai vostri padri, voi sarete il mio popolo. Vi libererò da tutte le vostre impurità. Vi ricorderete della vostra cattiva condotta e delle vostre azioni che non erano buone e proverete disgusto di voi stessi per le vostre iniquità» (Ez 36,28-31 *passim*). Il perdono incondizionato di Dio e la sua completa riabilitazione maturano in noi il rammarico e la contrizione per l'iniquità del nostro operare.

«Non condannate e non sarete condannati» (Lc 6,37) è il dono di misericordia che ci mostra la conversione di san Paolo, scritta a sinistra. Saulo infatti era un accanito persecutore dei cristiani, li condannava senza pietà, ma quando ha incontrato Cristo Gesù ha scoperto che in queste persone perseguitava Colui che amava e che voleva servire. Anche noi, purtroppo, con le nostre scelte egoistiche, meschine e distruttive, condanniamo nella vita dei fratelli Colui che ci sostiene, che ci dà la vita e la gioia.

A destra, viene rappresentato il grande pellegrinaggio dei popoli che cercano Gesù, dono supremo della misericordia del Padre, dono che resta in mezzo a noi per sempre nell'umile segno dell'Eucaristia.

Gesù Cristo, Signore di misericordia e Cuore del mondo,
abbi pietà di noi e di chi non ti sa chiedere perdono.

Gesù Cristo, Cuore del mondo e Signore di misericordia (2003), cm 47x47
Collezione privata

Indice